マンガでわかる！
マッキンゼー式
ロジカルシンキング

著 赤羽
シナリオ制作
作画 大舞

宝島社新書

はじめに

なぜ、あなたの企画・アイデアは採用されないのか？

伝わらないのはテクニックの問題ではない

いい企画・アイデアを思いついているのに、上司には評価も採用もされない。

こんな経験はありませんか？

なぜこんなことが起きるかといえば、**単に伝え方・言い方の問題ではなく、アイデア自体が表面的なものに終わっているから**です。深く考えておらず、思いつきレベルで留《とど》まっている。そのため、本人は素晴らしいと思っても、他の人から見るとありきたりだったり、大事なポイントが抜けていたりします。

そのアイデアがなぜいいのか。どうしてうまくいくのか。従来と違ってどんな新しい工夫をしているのか。こういう配慮が足りないと、アイデアは採用されません。

では、どうすればいいのでしょうか。

話し方、説明の仕方も重要ですが、内容そのものの検討が甘ければ、工夫しても補えることではありません。説明のテクニックの問題ではないからです。どんなに言葉を尽くしても、内容が浅ければボロが出てしまいます。よい結果につながりません。

逆に**内容が素晴らしければ、説明がたどたどしかったり若干《じゃっかん》不慣れだったりしても、理解してもらうこと、賛成してもらうことができます。**アイデアのよさ、実行プランの綿密さ、推進体制の確かさなどが相手の気持ちを深くとらえるからです。初めて会った人にさえ、熱烈なファン、サポーターになってもらえることもあります。

マッキンゼーの強み「ロジカルシンキング」とは?

私はマッキンゼー・アンド・カンパニーという経営コンサルティング会社で14年間、大企業の経営・組織改革、収益性改善、新規事業の立ち上げ、経営幹部の育成などに取り組んできました。マッキンゼーは、世界最高の経営コンサルティング会社といわれ、1万人規模の極めて優秀な人材がグローバルに活躍しています。

世界中のトップ企業のほとんどはマッキンゼーの顧客になっており、国によっては政府にまで大きな影響を与えていることもあります。世界一の頭脳集団といっても過言ではありません。トップ企業の社長、経営幹部として活躍しているマッキンゼーの卒業生も多数います。メインフレーム中心だった

ＩＢＭを大きく転換したルー・ガースナー、Ｆａｃｅｂｏｏｋの女性ＣＯＯとして著名なシェリル・サンドバーグもマッキンゼーの卒業生です。

そんなマッキンゼーの強みは色々ありますが、とくに「論理的にものごとを考え、既成概念にとらわれずもっとも適切な方法を見つけ、具体的に実行する手法・姿勢」が挙げられます。これは**「ロジカルシンキング（論理的思考）」**といわれます。

「なるほど」と相手にいってもらうのがゴール

日本語では「論理的」といいますがこの言葉に対して、どういうイメージをお持ちでしょうか。「論理的」という言葉は、日本では残念ながら微妙な使われ方をしていると考えています。

「君の説明は論理的じゃないからよくわからないよ」

「もっと論理的に説明してくれないかな」

このように、上司あるいは上の立場の人が、部下や相手をなじるときによく使う言葉になってしまっています。

一方、英語の「ロジカルシンキング」は違います。本来の使われ方です。本書のマンガでも描かれていますが、**「『なるほど』と相手にいってもらうこと」**です。

マッキンゼーを世界一の頭脳集団にしたロジカルシンキング。それを本書を通じて、読者の方に、理解し、身につけていただければ幸いです。難しいことではありません。誰でも身につけることができ、しかも身につけると、仕事でもプライベートでも、いいことばかり起きるのです。

世界基準の思考整理術をマンガで学ぶ！

本書は普段、ビジネス書を手に取らない人でもわかるように、そして文字ばかりの本を読む時間が取れない多忙なビジネスパーソンにも素早く理解してもらうことを目的に、**マンガ**を媒介にして作りました。**世に出ている、論理的思考を学ぶどの本よりもわかりやすい本を目指し、作っています。**

はじめにマンガで大まかな概略とポイントを学んでいただきます。そして、その後に文章で補足解説をしていきます。マンガだけ読んでも学べるようになっていますが、本書を使い倒すうえでは、補足解説の文章も読むことをお勧めします。

本書を通じて、１人でも多くの人が、世界基準の思考整理術であるロジカルシンキングを身につけ、公私共に活躍できる人になることを切に願います。

赤羽 雄二

目次　マンガでわかる！　マッキンゼー式ロジカルシンキング

プロローグ

マッキンゼーを世界一にした「ロジカルシンキング」とは？

イベント会社に勤務する桃子は、
5年も会社にいながら、
自分の企画を通したことがない。
「論理的に考えろ」と上司から叱られ、
ダメ社員の烙印を押されていた……。
そんなある日、
外資系コンサルティング会社の
マッキンゼー・アンド・カンパニーに
勤めていた幼なじみと偶然遭遇。
桃子の運命が動き始めた。

イベント運営会社プラチナフルート
内山課長！
新しい企画書ができました
見てください！
バンッ
営業企画部
丸山桃子(27)
またかよ
今日こそ通してみせます
ドキドキドキドキ
どうだか…

全然ダメだ やり直し
え…
どの企画も薄っぺらい
バサッ
パッと思いついたものをただ羅列しているだけにしか見えない
いつも言ってるだろ
もっと考えて論理的に作ってこい
丸山さん またボツになったみたいよ
!
5年も会社にいて一度も企画を通したことないんでしょ
まだ根性でなんとかなるとか思ってるんじゃない
いくら先輩でもあの人の下にはつきたくないなぁ
紙ももったいないですよね
あははははは…
…

はぁ…
くしゃ…
バカにされても仕方ないわよね
イベント運営会社に入社して一度も企画が通らないなんてあり得ない
うぉぉ～～
けどくやしいぃ…
ん!?あれは…
凹んでても仕方ない仕事しよ
企画書作る度に「もっと論理的に」って言われるけど
今ひとつピンと来ないのよね…
なんだこれ文化祭かよ
もっと論理的に考えろよ
ガミ
ガミ
けどもうボツはいや
次こそ企画を通してやる!
キッ
くーー…
ビクッ
こんなところで寝たら風邪引くよ
ねっ…寝てませんっ!

相変わらずだな
桃子
久しぶり
経営コンサルタント
角井謙二郎(30)
……
……
まさか
お隣さんを
忘れたのか
あっ！

隣に住んでた謙ちゃん？
ピンポン！
どうして日本にいるの？
たしかアメリカに留学してなかったっけ？
うん戻ってきて転職したんだ
マッキンゼーにね
へぇすごい　って知らないけど
相変わらずいい加減で適当だな
へへっ
褒めてないよ…
それでこの前独立して資料探しで図書館に行ったら桃子に遭遇♪
カチャ
謙ちゃん独立したんだ！さすがだねぇ
俺もマッキンゼーマフィアの一員としてがんばらないとね
え？

謙ちゃん
マフィアになるの？
違う違う
バババ
マッキンゼーの卒業生は
ほとんどが大活躍していて
人脈もすごいから
「マッキンゼーマフィア」って
言われるんだよ
そうなんだ
ところで
マッキンゼーって
何の会社？
……
マッキンゼー
正式名称は…
マッキンゼー・アンド・カンパニー
ジェームズ・O・マッキンゼーによって
1926年に創立された
世界最高のコンサルティング会社
McKinsey
ORTUNE
フォーチュン100、150に
ランキングされている
ほとんどの会社と
何らかの関係を持っている
へえ

顧客第一主義であらゆる企業の課題・問題点を解決していく
アップ・オア・アウト「成長できない者は去れ」が源流となっているから社員の質は極めて高い

専門家がクライアントのために考え抜き最高の解決策を提案していく世界最強の頭脳集団
ものを深く考えるトレーニングを常にしている
マッキンゼーが世界一なのはロジカルシンキングつまり論理的に考えることを徹底しているからなんだ
え…

だから世界中でたくさんの…
ちょっと待って！
ん
今 論理的に考えるって言ったよね
あぁ マッキンゼーとロジカルシンキングは切っても切れないものだよ
ロジカルシンキングって論理的にものを考えるってこと？
……
日本語ではそう訳されているね
手をどけてもらえる？
お願い！謙ちゃん！
ロジカルシンキング私に教えて！
えっ

いきなり何？
色々考えているんだけどどうやって論理的に考えたらいいのかがわからないの
幼なじみでしょ
お姉ちゃんに告白してフラれたこと誰にも言わないから
なぜそれをっ
わかったよ相変わらず強引だなぁ
へへっ
褒めてないから…
寝る間も惜しんで勉強します！
フン!!
いやその必要はないよ
え…
論理的って言葉は何か誤解されていると思うんだ
どうして？
だって難しく感じるだろ？
ま…まぁたしかに…
僕が思うロジカルシンキングは

「なるほどね」
――と
相手に言ってもらえるように
わかりやすく伝えることさ
……
それだけ？
うん
それだけ
ロジカルシンキングは
誰にだってできるんだ
多くの人は
難しく考え過ぎている
ロジカルシンキングが
できるようになれば
人生が変わるよ
そんな
大げさだよ

君が変わりたいと願うならば
俺を信じて
きっと世界が変わって見える日が来るよ
これが私とマッキンゼー式ロジカルシンキングとの出会いでした
うまい話過ぎて逆に怪しい
いや…教えてくれって言ったのそっちだろ…

「もっと考えろ」の具体的なやり方

上司も実は考えていない

企画書や事業計画書を提出した際、「もっと考えろ」と上司や先輩にいわれたことはありませんか？

そういわれても、たいていの人は困ってしまいます。なぜならば、頭も時間も使って考えた結果、提出しているのですから。

では、なぜ上司は「もっと考えろ」というのでしょうか。

上司なりに、「これではうまくいかない」「これでは予算会議を通らない」などと思って、改善させようとしているのです。

問題は、いわれる側からは「もっと考えろ」がいったい何をどこまで考えればいいのかわからないこと。そして、そのやり方を上司が教えてくれないことです。

これは、意地悪して教えてくれないというよりは、**多くの場合、上司自身もよくわかっておらず、部下に指摘するほど自分も考えていない、**というのが本音なのです。

何がどう悪いのか、何が不足しているのか、それが自分でもあまりきちんと説明できないときに、「もっと考えろ」と指摘してしまうのです。

もちろん、上司に対して、「それではどうしたらいいかわかりません。どこがどう足りないのか、どうすればいいのか教えていただけませんか？」といえる勇気のある人は少ないでしょう。そういう質問をすることは、あまり賢いことではありません。なぜならば、上司のなかには、答えられない質問をされると、機嫌が悪くなったり、下手をすれば逆切れしたりする方もいるからです。

では、どうすればいいのでしょうか。

問題解決、仕事促進のためのロジカルシンキング

「もっと考えろ」といわれたときは、上司が何を求めているかをよく考えてみればいいのです。上司が求めているのは、「もっとよい案」「もっと深く考えた企画」、率直にいってしまえば「会社や上層部を説得できる案」です。

部下は、上司に比べて経験が少なく、視野も狭いもの。情報も乏しく、結果として検討不足になっていることがよくあります。だから、上司が満足できる、これならOKという答えをなかなか出せないのです。

検討不足とは、これだと問題解決にならない、仕事が前に進まないという状況です。その場しのぎをしても、また問題が起きてしまうというような浅はかな解決策を考えてしまうことです。

そうならないようにするためには、**「ものごとを整理し、問題点を正確にとらえ、もっとも効果的な対応策を考える」**ことに尽きます。

「どう整理するのか」

「問題点を正確にとらえるにはどうしたらいいのか」

こういう点をもっと考えて、現場の雰囲気を肌で感じ、情報を集め、当事者の意見を聞いて判断することをひたすら繰り返していきます。泥臭いですが、こうすると、だんだん切れ味が増し、鋭い見方ができるようになっていきます。そのためにこそ、本書で扱うロジカルシンキングを利用するのです。

本当はその指導を上司ができればいいのですが、なかなかそこまで丁寧に指導・アドバイスしてくれる上司はいません。本書は、そんな上司に代わって、その具体的なやり方を解説する本となっています。

マッキンゼーのロジカルシンキングとは？

ロジカルシンキングは特別なことではない

では、ロジカルシンキングとはどういうものでしょうか。本書の〝はじめに〟でも説明したように、**論理的にものごとを考え、既成概念にとらわれずもっとも適切な方法を見つけ、具体的に実行する手法・姿勢です。**「具体的に実行する手法・姿勢」ということに「考え方ではないの？」と思うかもしれませんが、このあと解説します。

これらは、反対の言葉を挙げるとよりわかりやすいでしょう。「いきあたりばったり」「現状をまったく見ず、思い込みと偏見でアクションを決める」「気分で方針を決める」といったことです。これではうまくいくはずがありません。

では、分解して考えてみましょう。

①論理的にものごとを考える

マッキンゼーでは、クライアント企業の課題に対して、**現状分析**を行います。顧客のニーズ・市場規模、競合他社状況、自分たちの会社の強み・弱み。それらに加えて、技術・規制動向などを押さえ、わかりやすく状況を整理します。そのうえで、その環境下で、どうすればクライアント企業の業績が飛躍的に向上するか、徹底的に考えを深めていきます。

②既成概念にとらわれずもっとも適切な方法を見つける

その際、非常に大切なのは、**既成概念にとらわれずに考えること**です。既成概念とは、「これまでこうやってきた」「これはこういうものだ」というありきたりで現状維持の考え方のこと。マッキンゼーでは、そういう考え方をいっさいしません。過去の惰性で進めても今後の最善手にならないという厳しい考え方です。

既成概念にとらわれないためには、普段からものごとを疑い、本当はどうすべきか、本質がどこにあるのかを考える必要があります。既成概念がどういう要素で成り立っているのか。その要素1つひとつを吟味《ぎんみ》し、ゼロベースで考える。それで初めて、本来の姿、今の時点で最適な方法を考えることができるのです。

③ 具体的に実行する手法・姿勢

ロジカルシンキングだから、**考えただけでそこで終わり、ということはまったくありません。** むしろ、考えただけでは何の価値も生みません。マッキンゼーにおいては、「クライアント企業に実質的な変化をもたらしてなんぼ」という考え方が徹底していますので、既成概念にとらわれない新しい考えを具体的に実行する方法まできちんと落とし込みます。そして、クライアント企業の経営幹部を支援して実行し、成果を挙げるまでやり遂げます。

どうでしょうか。少し難しく書いていますが、**現状を分析・整理し、ものごとを疑って既成概念にとらわれずに考え、具体的に実行して成果を挙げる**、ということですから、それほど特別なことではありません。

「言うは易《やす》く行うは難し」を行うマッキンゼー

ところが、これは「言うは易く行うは難し」の典型です。教える立場の経営コンサルティング会社でさえ、これを徹底しているところは多くありません。現状分析が甘かったり、ゼロベースで考えられなかったり、実行する前提でなかったりします。

一方、マッキンゼーで働くと、1000人に1人という厳選された人材が、さらに日々スキルアップをし、一流のノウハウを伝授され、百戦錬磨のコンサルタントに育ちます。その根本にあるのがロジカルシンキング。現状を分析・整理し、既成概念にとらわれずに考え、具体的に実行して成果を挙げる力です。

全力投球で知恵をふりしぼり続け、クライアント企業の利益最大化からぶれずに行動する。これを世界中で同時並行的に行っているからこそ、マッキンゼーは、世界一の頭脳集団といわれ続けるのでしょう。

誰でもできる論理的思考の第一歩とは？

相手に「なるほど！」と思わせれば論理的

難しそうと思われる論理的思考は誰でもできます。というよりも、毎日しているのです。

「空が暗くなってきた。もうすぐ雨が降りそうだ。だから、傘を持って出かけよう」

こう思って実際、傘を持っていくことはあるでしょう。

あるいは、「送別会に20人参加する。会費は1人が5000円に設定した。だから、本人へのプレゼントのお花分を除いて、お店には予算8万円でお願いしよう」といって、実際、送迎会の店を予約し、2万円以内の花を買う。

こういう考え・会話は、誰もがいつもしています。**「これがこうだったらこうなるはずだよね」というだけの話**です。誰にでも小さいときから備わっている基本的な思考スキルであり、普通に会話できる人は、皆、十分に論理的思考をしているのです。

ところが、仕事になると途端にできなくなります。難しい言葉が飛び交ったり、上司に罵倒されたり（罵倒されなくても圧力を感じたり）するため、頭が真っ白になる。気分が萎え、普段できている論理的思考ができなくなってしまうのです。

まずは、好きなことや関心のあるもので論理的思考を使おう

そこで、まずは、自分が好きなもの・関心のあるものを題材に考えてみましょう。好きなものであれば、情報を集めることも、考えることも苦にはなりません。

たとえば、ランニングが好きな人ならば、どんなランニングシューズの新製品が出れば売れるかを考えてみてください。

「大手メーカーが開発した、プロも着用する高額の軽いランニングシューズがヒットしている」という業界のマーケティング情報、「40代以上の男性市民ランナーが増えている」というテレビの報道、「シューズにそこまで小遣いを割けられないよね」と

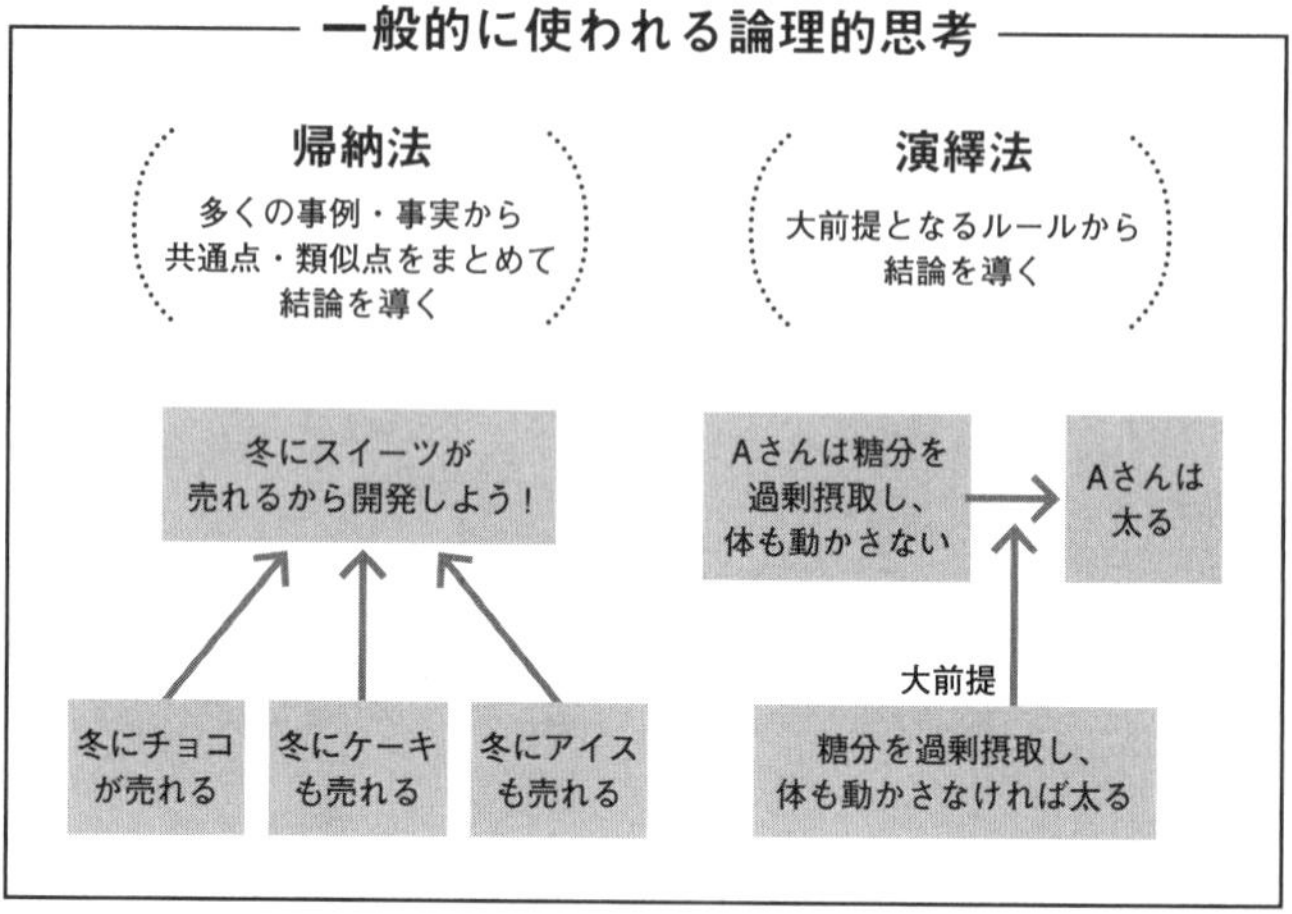

図①

いう多くのランニング仲間（30代から50代）からの声を集めたとします。これらを総合的に考え、「ミドル層以上でも、足の故障をしにくくしてくれる、軽くて価格も抑えられたランニングシューズ」というアイデアを出すことができるでしょう。

これが論理的思考です。図①にあるように、帰納法や演繹法などといった難しい言葉が使われることがありますが、要は**「こうだったら、こうだろう」と推論するだけ**です。難しいことはまったくありません。マンガでも説明しましたが、**相手が「なるほど！　そりゃそうだ」と思えれば、十分に論理的思考**なのです。

論理的思考を身につけて「シゴト」に役立てる

苦手な分野や苦手な相手でも、萎縮せず、焦らなければ、学歴や社会経験、成功体験などに関係なく、誰でもいつでも論理的思考を発揮できます。まずはこれを認識しましょう。そして、今回、本書を通じて、ロジカルシンキングを理解できれば、仕事上でも私事（プライベート）上でも、大変役立つことになります。

状況に応じて、きちんと考え、これならできそうだというプランとして実行したり、上司・顧客に提案したりできるからです。よく考えていて、自然体で説明すればよく伝わります。コミュニケーションがうまくいくようになりますから、友人や家族といったプライベートな人間関係にもよい影響を与えるのです。

Check List

プロローグ

□ロジカルシンキングは、現状を分析・整理し、ものごとを疑って既成概念にとらわれずに考え、具体的に実行して成果を挙げる手法・姿勢を指す。

□ロジカルシンキングの反対は、「いきあたりばったり」「現状をまったく見ず、思い込みと偏見でアクションを決める」「気分で方針を決める」。

□マッキンゼーで働くことで百戦錬磨のコンサルタントに育つのは、その根本にロジカルシンキングがあるから。

□帰納法や演繹法といった言葉があるが、要は「こうだったら、こうだろう」と推論するだけ。相手に「なるほど」と思わせれば、それで十分論理的。

□ロジカルシンキングは誰にでも身につけられる！身につけると、シゴト（仕事、私事）がうまくいくようになる。

第1章

「A4メモ書き」で論理的思考は誰でも身につけられる！

桃子が「ロジカルシンキング」を
身につけるために、
幼なじみの謙二郎に教えられたのが
「A4メモ書き」という手法だった。
同期の美玲から譲ってもらった
イベント企画の仕事を
担当することになった桃子は、
メモ書きを駆使して、
イベントを成功に導けるか？

チチ・・・
いたたたた…
昨日は飲み過ぎた…
謙ちゃんお酒強いわ…
…けど
なんで飲むことになったんだっけ…
たしか…ロジカルシンキングを教えてくれって頼んで…
どうせなら場所を変えない?
あ…ああ
バッ
その後ロジカルシンキングを教えてもらったはずなんだけど…
キャハハハハ…
カンパーイ
おーい!きけって
なんだっけ…
全然覚えてない
そもそもどうやって帰ってきたかも覚えていないわ…
ガサ
ん…

なんだ この紙？
20XX.XX.
どうしてお酒が好きなのか
ー思ったことを言える
ー酒場の雰囲気が好き
ー嫌なことを忘れられる
ー楽しい気持ちになれる
ー明日の活力
ー見た目がキレイ
なんだか大切なことだったような気がするんだけど…
えーと たしか…
いつまで寝てるの
会社に行かなくていいのかい？
ぎゃあああ！
遅刻遅刻っ！
はぁ〜
わが娘ながら情けない…
美玲さんいかがでしょうか？
クライアントのためにももう少し予算を削ったほうがいいわ
なるほど…わかりました
営業企画部
西園寺美玲(27)

すごいね
美玲さんって
入社して
たった5年で
もう営業企画部の
エースなんだもん
私も
美玲さんみたいに
なりたいな
!
飲み過ぎて
遅刻しただと!?
もう少し
自覚を持って
行動しなさい!!
すみません…
ガミ
ガミ
ガミ
ペコ
ペコ
ペコ
同じ5年目でも
ああなっちゃ
終わりね…
ハア…
なさけない…
……
グイ
ちゃんと
やらなきゃ…
二日酔いで
遅刻とは
いいご身分ね
え?

美玲ちゃん！
そんなこと していたら 会社にいられなくなるわよ
うっ…
……
同期のよしみで この仕事 譲ってあげる
え… 私にやらせてもらえるの？
青林檎株式会社の 懇親会 イベント
こういった 社内行事の イベント受注は 増えているの
でもここは 毎年恒例の ところだから あなたでも できるでしょ
うん
ありがとう 美玲ちゃん 優しいね
……
スッ
？

美玲さん
どうして丸山さんに仕事を回してあげるんですか
遅刻してくるような彼女に優しくする必要なんてないですよ
優しくなんてしてないわよ
え？
青林檎株式会社は今年創立40周年
これまでとは違った懇親会をやりたいって希望がきているのよ
しかも低予算
低予算でなおかつこれまでと違った企画…
難しいですね…
これは丸山さんにとってとても厳しい仕事になるわ
さすが美玲さん
これは楽しみ
いい薬になりますね

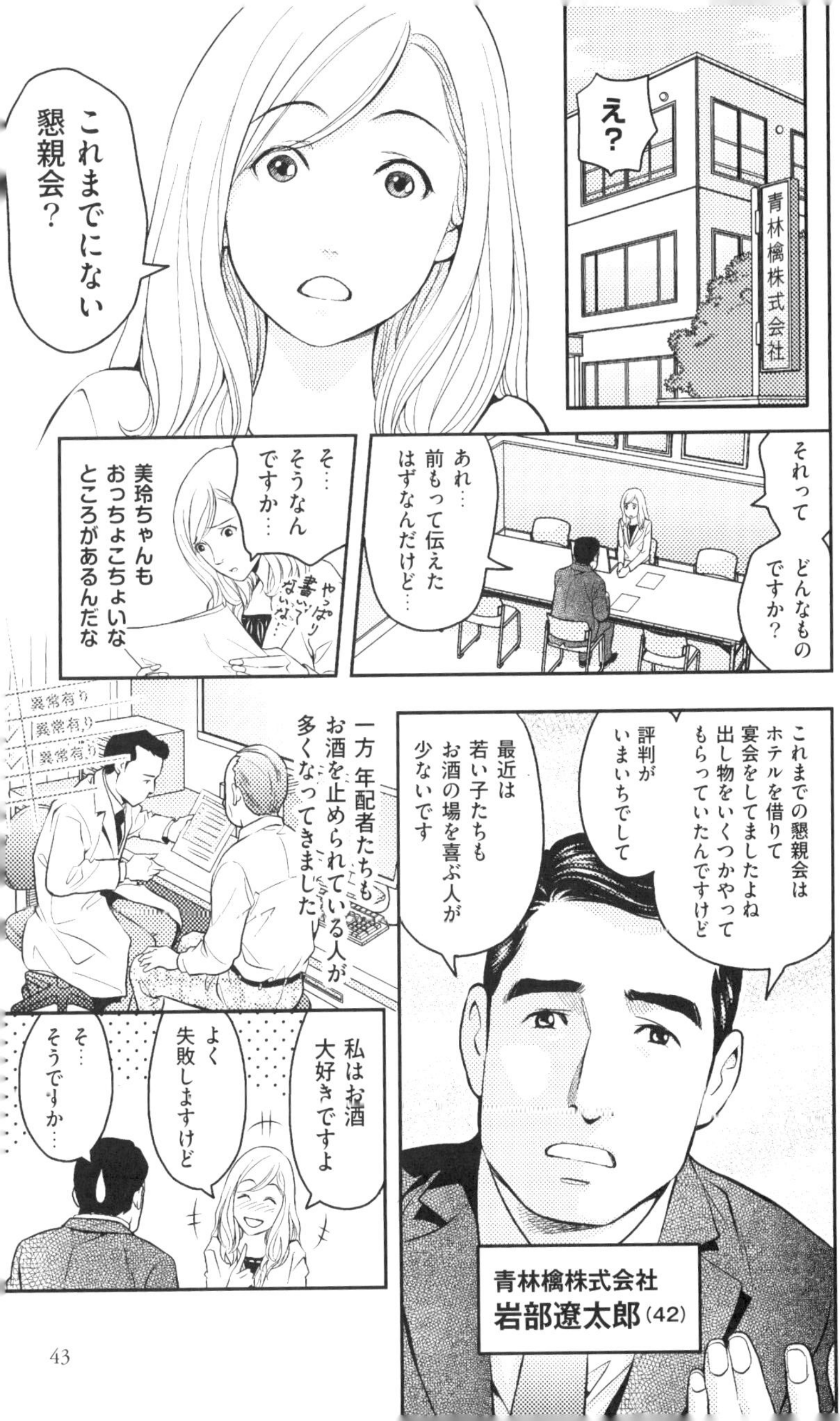

え？
青林檎株式会社
これまでにない懇親会？
それって　どんなものですか？
あれ…前もって伝えたはずなんだけど…
そ…そうなんですか…
美玲ちゃんもおっちょこちょいなところがあるんだな
これまでの懇親会はホテルを借りて宴会をしてましたよね出し物をいくつかやってもらっていたんですけど
評判がいまいちでして
最近は若い子たちもお酒の場を喜ぶ人が少ないです
一方 年配者たちもお酒を止められている人が多くなってきました
異常有り
異常有り
異常有り
青林檎株式会社
岩部遼太郎（42）
私はお酒大好きですよ
よく失敗しますけど
そ…そうですか…

けど懇親会はどうしてもやりたいんです
……
会社にとっても社員にとっても大切なものだと思っています!!
会社は人で成り立っている社員は家族です！
古い考え方かもしれませんが
こんな時代だからこそ公私ともに付き合いを深めればいつでも助け合える強い団結が生まれます！
だからお願いです
会社にとってかけがえのない懇親会にしてください！

低予算のくせに無茶言い過ぎですね…
感動しました
ガシッ
必ず心に残る素敵なイベントにします！
よろしくお願いします
うーんとは言ったもののどうしたものか…
みんなで楽しむものか！

YOOO!ニュース
市民が団結
ドミノ世界記録達成!!
ガタ
これだ!
団結!
社員全員でドミノに挑戦すればきっと絆ができる!
体を動かすから運動にもなる!
……
たしかに運動は健康的で参加したくなるけどドミノは運動とは違うでしょ
はぁ…
え?
美玲ちゃんまだいたの?
打ち合わせが長引いてね
ドミノ大会って本気で言っているの?
大本気だよ!
じゃあ聞くけどドミノはどこの会場でやるわけ?
相当大きなところが必要よ
そ…それはどこか大きな体育館を借りて…
それに大量のドミノはどうやって集めるの? 予算は? 保管場所は?
え
それは…
ドミノを作る指示は誰がやるの?
失敗した時の担保は?
……
考えてない…
だから考えが浅いって言われるのよ

ダメなときは早く言って
！
あなたより優秀な後輩はたくさんいるから
……
グッ
カッ
カッ
ボリ
ボリ
ボリ
ダメだ… まったく思い浮かばない…
あなたより優秀な後輩はたくさんいるから

早く誰かに代わってもらったほうがいいのかも…
会社にとってかけがえのない懇親会にしてください！
いやだ…
私がやりたい！
私がやる！
けど どうやって…
あれ？この紙は
あの時 謙ちゃんにロジカルシンキングを教えてもらったんだ
忘れてた
20XX.XX.XX
お酒が好きなのか
ったことを言える
酒場の雰囲気が好き
嫌なことを忘れられる
楽しい気持ちになれる
明日の活力
見た目がキレイ
！
これでイケる！
……

ダメだ！思い出せない
なんなの この文字の羅列は？
そうだ！謙ちゃんに もう一度聞けば いいじゃん
私 頭いい
って連絡先 聞いてない！
私ってバカね
少し休憩〜
コトン
カチャ
お母さん ご飯まだ？
おいっす
あんた お昼なのに まだパジャマなの
わぁ！謙ちゃん
どうしてここに？
一昨日言ったろ 独立してから 実家に戻ってきたって
あ…
そうだっけ？
ぜんぜん 覚えてない…
っしなんで ご飯食べてるの？
おばさんが 用意して くれたから
酔ったあんたを 送ってくれたお礼で 招待したのよ

そうだったんだ…
けどちょうどよかった!
へ…
まさか全部忘れてるとは…
すみません
どうかな?
ロジカルシンキングでこの案件をクライアントが望むものにできるかな?
実は
もういくつか実現可能な企画を思いついている
ええ!
きっと企画書を出せば通るだろうしうまくいく自信もある
嘘でしょ?
だって企画意図を話して1分くらいしか経ってないよ?

時間をかければ考えが深まるとは限らない
優秀な人ほど即断即決できる人が多い
素早いスピードで情報収集をし意思決定を下す
そして行動する
マッキンゼーでは優れた経営者を相手に仕事をするから早い意思決定が必要だ
意思決定する際も進む方向に待ち構えるメリット・デメリットを提示しなければならないしね
究極は瞬時に課題を整理し問題点の本質を見抜いて
課題
問題点
解決策
解決策を導く判断を下すこと
ゼロ秒思考

君が望むなら何度でも教えてあげるよ
なんだか自信がなくなってきた
なんで?
だって謙ちゃんはマッキンゼーでの経験でゼロ秒思考ができるようになったんでしょ?
ダメ人間の私にできるわけないじゃん
……
そうやって皆ロジカルシンキングを難しく考え過ぎてる
そこで教えたメモ書きが登場するんだよ
これはロジカルシンキングを誰もが身につけられるようにと思ってマッキンゼー時代に僕が考えついたものなんだ
だから毎日メモを書くトレーニングをすればいい
トレーニング?
ー思ったことを言える
ー酒場の雰囲気が好き
ー嫌なことを忘れられる
ー楽しい気持ちになれる
ー明日の活力
ー見た目がキレイ

アイデア
悩み
頭に浮かぶ
もやもや
したことや
気になることを
もやもや
気になる
思いつき
ヒラメキ
とにかく紙に書き出す
トレーニングをする
具現化
メモ書きを続けるだけで
頭が整理され
誰もが論理的に
ものごとを考えられる
ようになる
アイデアもグングンと
深まっていくし
短時間で問題を把握し
解決ができる
ロジカル
シンキング
アイデア
メモするだけで？
話がうま過ぎる…
とりあえず
やってみようか
まずA4コピー用紙を
横置きにして
タイトルを書く
右上には日付をつけよう
20XX.X.X
タイトルは
たとえば
どうして桃子は
お寝坊さんなのか？
どうして桃子はお寝坊さんなのか？
なんで
知ってるのよ
いや…
隣に住んでいるから
毎朝
聞こえてくるよ
きゃあぁ！
どうして
起こして
くれないの!?
遅刻
遅刻っ
そ…
そうなのね

メモ書きは どんな些細なことでも アウトプットする癖を つけてほしい 紙1枚に4～6行 各行20～30文字程度で 1分以内に書く
20XX.X.X.
どうして桃子はお寝坊さんなのか
まずは 毎日10枚でも たった10分でしょ
とにかく 思いつくままに 書いてみる
じゃあ 見てて
スッ
どうして 桃子は お寝坊さん なのか？
ゴクリ
カリ
どうして桃子はお寝坊さんなのか？
ー寝るのが遅いから
ーそもそも夜更しが好きだから
カリ
ーお風呂に入るのが遅いから
ー深夜のお笑い番組が好きだから
ー本を読む時間が夜しかないから
ー深酒する習慣があるから
カリ
ー目覚まし時計が壊れているから
ー長時間寝ても安眠ができていないから

1分
こんな感じかな
20XX.X.XX
どうして桃子はお寝坊さんなのか？
-寝るのが遅いから
-そもそも夜更しが好きだから
-お風呂に入るのが遅いから
-深夜のお笑い番組が好きだから
-本を読む時間が夜しかないから
-深酒する習慣があるから
すごおい
たしかに わたし 安眠できてない かも…
どんだけ寝ても 寝足りない 感じなのよね
そしたら また メモ書きを してみる
カリ
カリ
どうして安眠できないのか
え？ また
-ベッドが合っていない
-枕が合っていない
-鼻が詰まっている
-寝る時間がバラバラ
カリ
カリ
わぁ
安眠できない理由に これだけの 可能性があるなんて
これまでは ただの怠け者って 一蹴されてただけ だったのに
こうやって メモ書きすると 頭の中が整理される
すると もやもやしたことが なくなるし
解決方法も 見えてくる
じゃあ早速 新しい企画の メモ書きをして みよう
ゴク…
スッ

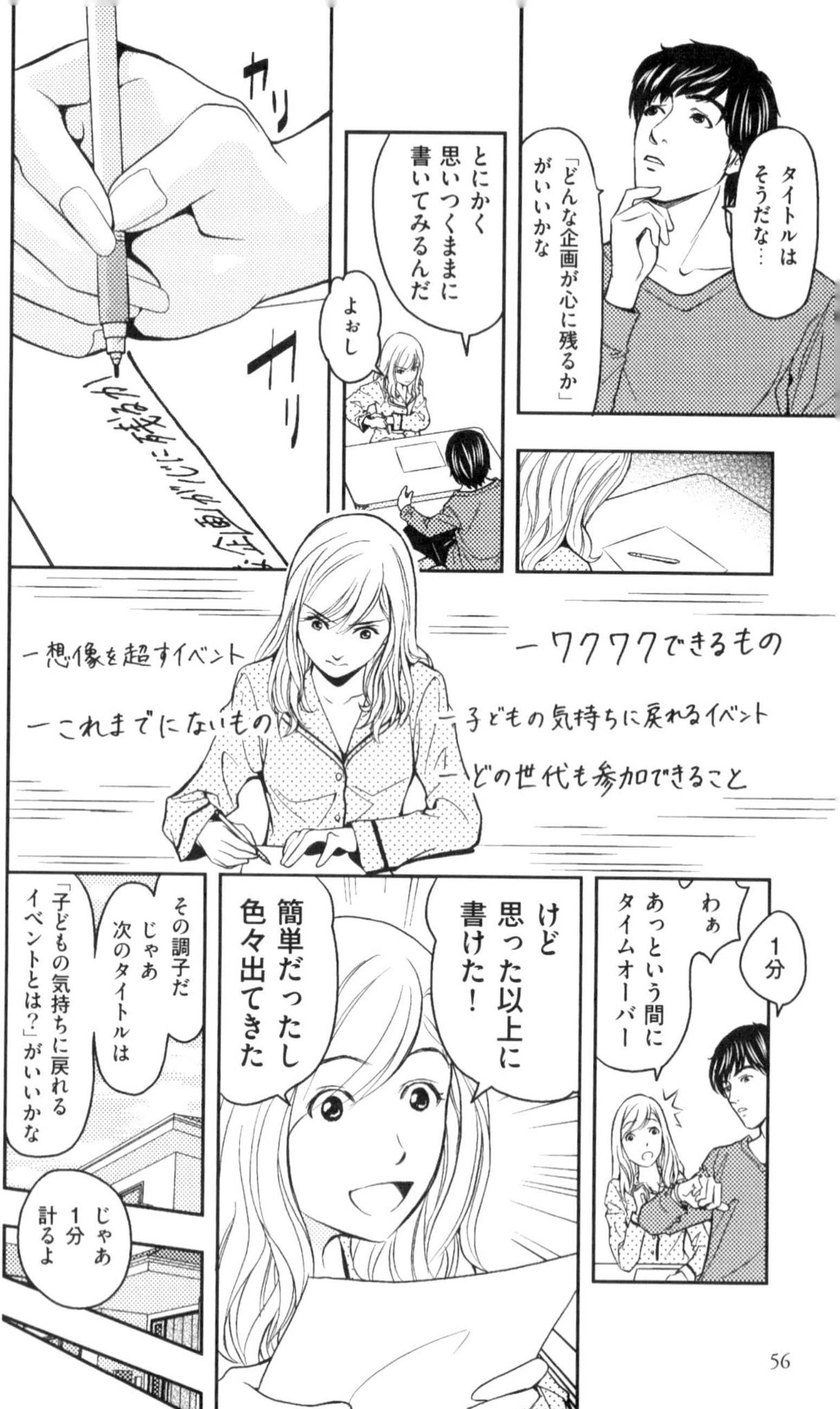

タイトルは そうだな…
「どんな企画が心に残るか」がいいかな
とにかく 思いつくままに 書いてみるんだ
よぉし
カリ
カリ
―ワクワクできるもの
―子どもの気持ちに戻れるイベント
―どの世代も参加できること
―想像を超すイベント
―これまでにないもの
1分
わぁ あっという間に タイムオーバー
けど 思った以上に 書けた！
簡単だったし 色々出てきた
その調子だ じゃあ 次のタイトルは 「子どもの気持ちに戻れるイベントとは？」がいいかな
じゃあ 1分 計るよ

1時間後
できた！
企画書
メモ書きで出てきたアイデアを整理すれば企画書になる
ギュッ
初めてまともな企画書が書けた気がする
桃子らしいいい企画だと思うよ
これがメモ書きか
美玲さん大変です
企画書

丸山さんの企画が通ったそうです
え？
どうしましょう
チラ
……
カタ
カタ
カタ
まぁいいんじゃないやらせておけば
けど…
私たちもそれぞれ担当があるんだから
当日どんな企画が通ったのか見に行きましょう
そ…そうですね
どうせろくなものじゃないに決まっている
カタ
カタ
……
カタ
カタ
カタ

懇親会
当日
……
ここの懇親会は
いつも夕方からじゃ
なかったっけ？
結局 今日まで
どんな企画か
わからなかった
からね
何あれ
え…
検診車？
あれ
見て！
マスコミが
いるわよ
なんで？
何が
起こってるの？
ドン
ドン
え
花火？
とにかく
会場に行って
みましょう
きゃ
パン
！
バ

ワァーーーアア
運動会？
あれっ！美玲ちゃん

それに皆来てくれたんだ
丸山さんなんなのこれ？
どうして検診車やマスコミまでいるのよ
どう見てもおかしいじゃない

健康診断を兼ねた運動会を企画したの
健康診断を兼ねた？
子どもの気持ちに戻れるイベントとは？
ー遠足
ー給食
ー音楽の発表会
ー演劇
カッ
カリ
カッ
！
ー運動会
カリ
運動会か…
ブツ
ブツ
運動会だったら心に残るかもしれない
カッ
懇親会で運動会をやってみたら
カリ
カリッ
運動することで自分の体力を知ることができる
健康診断もできればきっと多くの社員が利用するはず
運動会を開くことで健康意識が高まれば会社としてもプラスになるわ
ブツ
ブツ
ー知らない部署の人と知り会うきっかけになる
ー親子で参加できる
ー健康になる
ーチーム一丸となることで新しい友情が生まれるかもしれない
ーオフィスとは違った一面が見れる
ー自分の体力を知って不安になる人もきっと出てくるはず
ー運動することで自分の体力を知ることができる
ー世代でわけて競技ができるのもいい
カッ

健康診断を兼ねた運動会か…
いいんじゃないかな これは面白い
話題になるかもしれない
よかった
じゃあこれで企画出してみるね
それとマスコミも呼んでみたらどうかな
え?
マスコミ?
今どき懇親会で社員の健康のために運動会をしている会社なんてないだろ
運が良ければ取材で来るよ
なるほど! さすが謙ちゃんだね
併せてクライアントに提案してみるね
おぉ! これいいね! ぜひやろう!
提案したらとても喜んでくれた
低予算でできたし
美玲ちゃんが運動は健康的で参加したくなるって言ってたのもヒントになったよ
え…
美玲さん…
……

ワーワー
ワーワー
よかったね
行くわよ
もう？
美玲ちゃん
丸山さん！
岩部さん
ありがとう 丸山さん！ 社員皆が喜んでくれたよ
家族揃って参加してくれたから家族ぐるみの付き合いも増えそうだ
これこそ私が望んでいた懇親会だよ

来年以降も君に頼んでいいかな？
ありがとうございます！
う…うれしいです…
桃子 おめでとう
けど ロジカルシンキングは まだ 始まったばかりだよ

論理的思考は「A4メモ書き」で身につける

マッキンゼー時代に開発した「A4メモ書き」とは

ロジカルシンキング、すなわち論理的思考は、誰でもできることを前章でもご説明しました。

ただ、実際は、苦手意識もあり、これまでの習慣もあるのでそれに打ち勝つため、少しだけ手と頭を動かして練習をする必要があります。それが、私がマッキンゼー時代に始め、以降広く提唱している**「A4メモ書き」**です。

これまでに数千人以上の方に講演、セミナー、ワークショップ等で直接お伝えし、メモを書いていただきました。さらに、出版物等を通じて、30万人以上の方にお伝えしています。

方法は簡単です。A4コピー用紙を横置きにし、左上や上部にタイトル、右上に日付（2019-2-1のような感じです）を書き、本文は4〜6行、各20〜30字書きます。これだけなら、どうということはないのですが、このA4メモ1枚を1分で書き、毎日10〜20枚書く、というところがポイントです。

桃子がお酒が好きな理由を書いた例だと各行5〜10字と短いですが、69ページのメモ書き②のようになります。

1行の文字数が少ないと、頭の整理にはいいですが、人を説得するための言語化能力の強化にやや不足なので、慣れてきたら、69ページのメモ書き③のように1行20〜30字書くことをお勧めします。

言葉を選ばず、内容も吟味せず、頭に浮かぶままに書き出していく感じです。

メモを書くだけでさまざまな変化が起こる

そうすると、次のような驚くべき変化を感じられるようになります。

・頭が整理され、もやもやがなくなっていく
・優先順位が明確になる
・行動が速くなる
・言いたいことが自然に浮かんでくるようになる
・説明がすらすらできるようになり、納得してもらうことが増える

Ａ４メモを毎日10～20枚書き続ければ、自然にロジカルシンキング、すなわち論理的思考が身についていき、仕事ができ、気分も爽快になるのです。

メモ書きをする前は、マンガの桃子のように「Ａ４メモを書くだけで本当に？」と思われるかもしれません。しかし、講演・ワークショップ等の参加者数千人に目の前でメモを書いていただいていますが、数週間といわず、その場で、手応えを感じられる方が多くいらっしゃいます。

メモ書き②

どうしてお酒が好きなのか？ 2019-2-1

- 思ったことを言える
- 酒場の雰囲気が好き
- 嫌なことを忘れられる
- 楽しい気持ちになれる
- 明日の活力
- 見た目がキレイ

↓

メモ書き③

どうしてお酒が好きなのか？ 2019-2-1

- 飲むと思ったことを言えるので、ストレス解消になる
- 酒場の雰囲気が好き。それだけでリラックスできる
- その日あった嫌なことをかなり忘れられる
- 皆で集まるとわくわくするし、楽しい気持ちになれる
- 明日の活力になる。一杯飲むだけで元気が出る
- 見た目がキレイ。特にカクテルはキレイで見ていて楽しい

「A4メモ書き」7つのポイント

ポイント① 1分で書く

ここではA4メモの書き方のポイントを詳しくご説明しましょう。

A4メモの効果を最大化する鍵は、1分という短い時間で書くことです。ゆっくり書くのではなく、一気に素早く書くほど、頭の中身が全部書き出されます。あれこれ悩まずに、また言葉も選ばずにもやもやしたものを書き出すことで、なぜもやもやしていたのか、もやもやにどういう意味があるのかが見えてきます。

初めてメモを書いたときは1分以内だと、2行で各5〜7字しか書けない、そういう人も多数いますが、まったく気にしなくて大丈夫です。

10〜20枚書くうちに、どんどん速く書けるようになります。1枚に3〜4分かけて書かれる方もいらっしゃいますが、それではスピードアップしないので、時計の秒針等を見ながら、１分で頑張って書くことに慣れていってください。

速く書かなければならない最大の理由は、悩んだり言葉を選んだり、より深く考えたりしているつもりでも、実際は頭が止まっているからです。あれこれ言葉選びをしたところで、アイデアがよくなることはありません。いったん書いた後の推敲《すいこう》ならまだしも、あれこれ悩んでも時間を浪費するだけです。

それよりは、無我夢中でどんどんメモを書いていくほうが言語化能力が高まり、はるかに成長します。**量より質でなく、質より量でやることがポイントです。**

ポイント② 一件一葉で書く

A4メモを書くときには、1枚にあれこれ詰め込まずに、一件一葉（一件ごとに一枚の書類を作る）で書きます。別のタイトルを思いついたら、別の紙に書き出します。

こういうとき、頭の中身をどんどん外に出すことができます。発想が広がっていきますし、嫌なことであればそれが客観視できるようになります。

1枚のなかに多くのタイトルを詰め込んでいくより、ばらばらの紙に書いていくほうがずっとすっきりする。頭が一気に整理される感じを覚えるでしょう。

人の頭はもやもやをその都度はき出していくほうがよく働きます。書かずに残しておくと、あれこれ気になって気もそぞろになります。

また、**書いたA4メモですが、毎晩寝る前に7~10のカテゴリーに分けたクリアファイルに整理します**（写真④参考）。そうすると、不思議なほど頭も同時に整理されます。一件一葉は整理するうえでも必要なのです。

写真④

ポイント③ 紙はA4コピー用紙

メモを書くとき、A4コピー用紙を横置きにして書くことをお勧めしています。仕事上のいちばん基本のサイズであり、使用済みの裏紙が比較的手に入りやすいという理由もあります。購入する場合でも、Ａ４用紙は５００枚で３５０〜５００円ほどで買えるので、**毎日書いても1日10円少々のコスト**です。

それ以外にＡ４サイズをお勧めしている理由はいくつもあります。

- 手書きで4〜6行、20〜30字書くのにちょうどよいサイズ
- 普及したサイズなので、カバンやクリアファイルなどに困らない
- メモの発展形として、企画書、書類作成時に扱いやすい

メモを書くのにノート、日記帳、パソコン、スマートフォンはお勧めしません。**ノートや日記帳は、一件一葉でないため整理に向いていないからです。しかもたくさん書くと、ノートはかなり割高です。**

パソコンではメール、パワーポイント、ワード、エクセルを使いますが、Ａ４メモを書くには、**機動力に欠け、どこでもすぐ書けるというわけではありません。**第２章

以降のマンガにも関係しますが、ちょっとした図、フレームワークなどを書こうとすると、何分もかかってしまい、スピード感がありません。スマートフォンはもっと遅いのでお勧めしていません。

ただし、企画書、書類作成時にA4メモを数十枚書き、それからパソコンで、パワーポイントに落とし込む。これは言語化能力を高めるのではなく、清書するうえで効果的だと考えます。

ポイント④ タイトルは疑問形にするなど工夫する

次にタイトルのつけ方について。タイトルは、頭に何かが浮かんだとき、そのまま書きます。

- ・どうすれば論理的ではないといわれずに済むか？
- ・上司は論理的なのか？ 自分と何が違うのか？

・どういうとき、論理的でないといわれるのか？

たとえばこのような感じです。**タイトルを疑問形にするほうがアイデアが出やすいでしょう。**次のような形もあります。

・明日実施すべきこと
・企画書を速くまとめる方法
・会議で発言すべきこと

また、タイトルは、ぼかして書かないほうがよいと考えています。

たとえば、「職場の山村さんはどうして私を馬鹿にするのか？」というタイトルをつけようとしたら、「私はなぜ馬鹿にされるのか？」といった抽象的なタイトルではなく、また「Yさんはどうして私を馬鹿にするのか？」といった固有名詞をぼかすのも勧めません。**具体的に、かつはっきり固有名詞を入れて書く。**そのほうが率直に書くことができ、結果、疑問点の解決や頭のもやもやの解消が早まると考えています。

ポイント⑤ 同じ内容・似たタイトルでも気が済むまで何度も書く

あるタイトルでメモを書いてから、数時間後あるいは数日後、また**似たようなタイトルが頭に浮かんだら、前に書いたメモを見返すこともせず、気にせず同じタイトルで書いてください。**気になっているうちはまだ整理されていないからです。

私の場合、マッキンゼーに入ったとき、次のようなタイトルのメモを何度も繰り返し書いていました。

- 報告書をどう作成すればいいのか？
- 報告書の作成方法は？
- どうすれば報告書の作成を素早く進めることができるか？
- 報告書の作成に必要な分析をどうやって前倒しするか？

- どうすれば、インタビュー直後に報告書を作成できるか？
- インタビュー中に仮説を構築し、確認するには？
- インタビュー前に仮説を持つには？
- インタビュー中に報告書のキーチャートを書けないか？

ほぼ同じようなタイトルもあれば、だんだんと広がっていったタイトルもあります。タイトルの繰り返しは気にせず、頭に浮かんだら全部メモに書いていきます。

十分に書いた頃には、自分の行動がレベルアップしていることに気づくでしょう。**何度も何度も書くことで、頭のなかの言語化が十分進み、明確に認識して行動に移すようになるのです。**

また、重要だと思うタイトルに関しては、そのメモに対して少し違う角度から次々に書いていくと、広い視点を得ることができます。

元のタイトル

・論理的でないと二度といわれないためには？

多面的に書いたときの他のタイトル

・どういうとき、論理的でないといわれるのか？
・論理的でないとは、上司にとってどういうことなのか？
・論理的でないといわれる人はどういう人か？
・論理的でないといわれない人に共通点があるか？
・いつから論理的でないといわれるようになったか？
・自分としてはどういう感じのとき、論理的でないといわれるか？
・どういうとき、論理的でないといわれないのか？
・論理的とはそもそもどういうことなのか？
・論理的でないとはどういうことなのか？

このくらい書くと、多方面から見た感じになり、はっきりと自分の頭のなかが見えてきます。自分の頭のなかを「見える化」するのがメモ書きです。多面的に書くと、多くの気づきが生まれます。使う時間はほんの10分程度です。

ポイント⑥ 1枚につき4～6行、1行は20～30文字

メモの本文がなぜ4～6行なのでしょうか。**あることが気になってタイトルに書くわけですが、それに対して起承転結で書けば4行、それに少しおまけをつければ最大6行程度、という目安です。**英語圏だと三段論法ということになるかもしれませんが、日本語の場合は、起承転結のほうがずっと相性がいいでしょう。

起承転結でない場合、単純にリスト的な本文もあるでしょう。80ページのメモ書き⑤のような場合です。

ちなみに、なぜ6行までかといえば、それ以上だと、課題の羅列になりがちだからです。たまに、1枚に10行くらい一気に書く人がいますが、こういう場合、重要度が

メモ書き⑤

今週中に何をすべきか？

2019-2-1

- 企画書の準備。分析を依頼し、たたき台を作成
- 来期予算の策定準備。関係部署との調整、確認
- 品質問題への対策立案、フォローメールを関係各署に出す
- 顧客の声の整理と優先づけ。優先順位の高いものから着手
- 上司との人事面談準備。必達目標をどうすべきか
- 新人歓迎会の準備。企画、人数把握、会場の手配

まちまちで、あまり整理されません。タイトルに関してもっとも重要な4〜6項目を書く。このほうが頭の整理になりやすいと思います。

また、なぜ1行につき20〜30字か。これは、「コスト削減」「企画書作成」「相談」といった具合に短く書くと、具体性に乏しい言葉になりがちだからです。これだと、頭のなかのものを言語化する能力の訓練になりません。言葉に形容詞、副詞、動詞をつけ、頑張って20字以上で書くようにしてください。すると自分自身を納得させたり、他人を説得する文章が生まれてきます。

そういう習慣を身につけておけば、**部下、チームメンバー、外注先などに対して具体的な指示が自然にできるようになります。**ちょうど「あれやっておいて、あれ」という指示の正反対です。

最初はうまく書けなかったり、表面的になったとしても、数十枚書いていると、より内容に洗練されていきます。人は元来、論理的思考ができるのです。余計なことを考えないほうが、本音を率直に書けるようになります。

これがロジカルシンキング、論理的思考への近道です。

ポイント⑦ ファイルに保管するが、メモはすぐには見返さない

書いたメモは、毎晩寝る前にクリアファイルに保管するようにします。ファイルは、関心に合わせて、7～10のカテゴリーのどこかに投げ入れることになります。

本書のテーマである論理的思考に関心のある人なら、次のようなカテゴリー分けが例として挙げられます。

・論理的思考に関して
・問題把握・解決力の強化
・コミュニケーション
・ビジネスのアイデア
・わかりやすい説明の仕方
・深掘りの仕方

カテゴリー分けは、頭の整理の仕方に直結しています。メモを投げ入れる際にしっくりこなければ、しっくりくるまで何度か作り直すとよいでしょう。

また、一部のファイルだけ厚くなる場合、それを2つに分けることを勧めます。たとえば「コミュニケーション」を、「上司とのコミュニケーション」「それ以外のコミュニケーション」などに分けたりするのです。

また**ファイルに投げ入れたメモは、すぐに見返さないほうがいい**と考えています。

書いたメモを見返すと、その間、新たにメモを書かなくなってしまいます。見返す暇があったら、もっと多くのメモを書くほうがよいでしょう。

ただし、せっかく書いたので、永遠に見ないということではなく、**メモを3ヵ月後に一度全部取り出してさらっと見るのはいいでしょう。**ファイル内では新しいメモが上になっていますので、取り出して日付順にざっと並べ替え、上から1枚1〜2秒で眺めていく感じです。

こうやってさらっと見た後、さらに3ヵ月後、もう一度だけ見ると、そのときは大変だと思っていた懸念の多くが解消し、やろうとしていたことのかなりが実現しているのに気づくのです。

もちろん、できていないこともはっきり突きつけられますが、6ヵ月にわたって自分が気にしていたこと、関心を持っていたこと、こうしようと思うことが、目の前にはっきりと提示されますので、頭の整理がよくできると思います。

ロジカルシンキングの最高峰「ゼロ秒思考」

スピードが仕事の質とやる気を連れてくる

また、**Ａ４メモを１分で書いていく習慣を続けていくと、もやもやを瞬時に言葉にすることができるようになっていきます。**これは、ロジカルシンキングを発揮している証拠です。

すると、かなりのスピードでものごとを考えることができるようになります。気になることもすぐ書き出せるし、どうすべきかということも、その場で瞬時に思い浮かぶようになります。

こうなってくると、時間がないなかでも、成果を出せるようになります。通常は急ぐと質が落ちたり、大きなミスが起きたりし、速度とアウトプットの質は反比例するというような感覚があるかもしれませんが、むしろ逆です。

速くなればなるほど、早く結果が出ますし、Ｐｌａｎ（計画）、Ｄｏ（実行）、Ｃｈｅｃｋ（評価）、Ａｃｔ（改善）のＰＤＣＡのサイクルを多く回すことができるようになります。結果的に質が上がっていくのです。

そうすればやる気も出てきて、さらに好循環が始まります。**スピードこそが、仕事の質もやる気も連れてくる**のです。

その究極は、ゼロ秒、つまり瞬時に問題点を把握し、次の瞬間には解決策が浮かぶ、という状況になること。つまり、**「ゼロ秒思考」**です。

人間にはもともと素晴らしい論理的思考力があります。しかし、自信のなさ、トラウマ体験などにより、そんなことはとてもできないと思い込んでいる人が多いのが現状です。マンガでも、謙二郎からゼロ秒思考の説明を聞いた桃子が、自信を喪失してしまう場面がありましたが、まさにこのような人が多いのが現状です。

そこで本書で説明するA4メモを続けてみてほしいのです。論理的思考がフルに発揮され、思考が加速していきます。ぜひ1人でも多くの人に、体験していただければと思います。

Check List

第1章

□論理的思考を身につけるには、「A4メモ書き」が手っ取り早い。

□A4メモ書きを行うと、もやもやしたことがすっきりし、頭の中が整理される。

□A4メモ書きの7つのポイントは次の通り。
1分という短い時間で書くこと、一件一葉で書くこと、紙はコスパのいいA4コピー用紙を使うこと、工夫したタイトルをつけること、同じ内容でも気が済むまで書くこと、1枚につき4～6行の箇条書きで1行は20～30文字程度で具体的に書くこと、ファイルに保管ししばらくした後に見ること。

□A4メモ書きを続けていくと、ものごとを電光石火で考えることができるようになる。

□ロジカルシンキングの最高峰は、瞬時に問題点を把握し、解決策まで思い浮かぶ「ゼロ秒思考」の状態になること。

第2章

「マトリックス」で脳内を整理する！

ロジカルシンキングを
身につけ始めた桃子が次に取り組む
ことになったのが大型の物産展。
リーダーとなった美玲のサポート役を
指名され、アイデアを練る。
謙二郎から新たに伝授された
A４メモ書きの応用「マトリックス」を
駆使するが……。

最近丸山さんいい感じだな
丸山さんが企画した健康診断付き運動会のイベント依頼も増えているらしいわよ
マスコミを呼んで大正解だったな
それに丸山さんが担当している他の企画も評判いいし
何か大きく成長した感じするな
……
気に食わない

丸山さん また企画が通ったらしいですね 何かアイデアを出す秘訣でもあるんですか
教えてくださいよ
いいわよ
え？いいの!?
うん
アイデア出しの秘訣なんて教えてくれない人が多いんですけど
そうなの？ マッキンゼーじゃ社員間で隠すことなくともにスキルアップしていくんだって
へ？ マッキンゼーですか？
あ
マッキンゼー知ってる？
もちろん！
で その秘訣とは？
これよ
ドサッ
紙？
へぇ メモ書きねぇ
面白い
1日10枚くらいなら書けるわね
誰にでもできることがポイントなの
このメモ書きだけですか？
ザワ
あとはCMや雑誌テレビなんかを見るときも少し意識して見るかな
意識ですか？
ザワ
ザワ

電車に乗っているときも
中吊り広告に目を光らせて
ターゲット顧客に
どう訴えようとして
いるのか考えてみる
ゴクゴク
行こうぜ!!
本音は
どこだろう?
A
B
C
人と話す時も
言っていることを
鵜呑みにせず
本音はどこにあるかを
考えるようにする
とかね
なるほど
トレーニングが
大切なのよ
ガチャ
美玲ちゃんも
メモ書き
やってみる?
おい
丸山
ちょっと来い
大事な話がある
スッ
へ
え?
物産展ですか
あぁ
大きな案件だ
失敗は許されないぞ
まさか私が
リーダーですか!
大丈夫です!
頑張ります!
は?

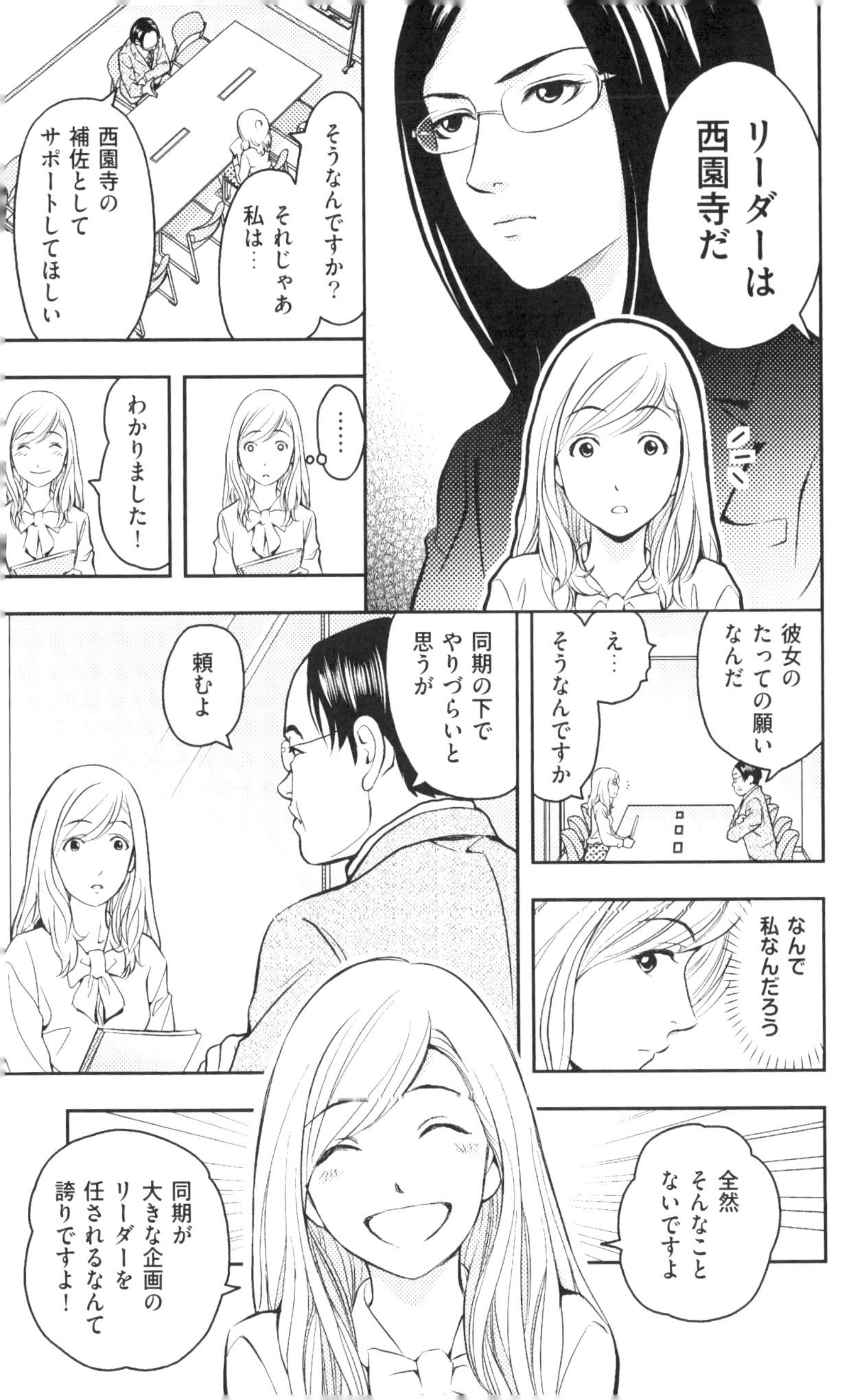
リーダーは西園寺だ
そうなんですか？
それじゃあ私は…
西園寺の補佐としてサポートしてほしい
……
わかりました！
彼女のたっての願いなんだ
え…そうなんですか
同期の下でやりづらいと思うが
頼むよ
なんで私なんだろう
全然そんなことないですよ
同期が大きな企画のリーダーを任されるなんて誇りですよ！

美玲ちゃん
推薦してくれたんだってね
よろしく
……
これが私の作った企画書よ
目を通しておいて
もうできてるんだ
物産展
さすが美玲ちゃん！仕事が速いね
……
私の期待を裏切らないでよ
え…
私に期待…？
何を…？
ね
何を

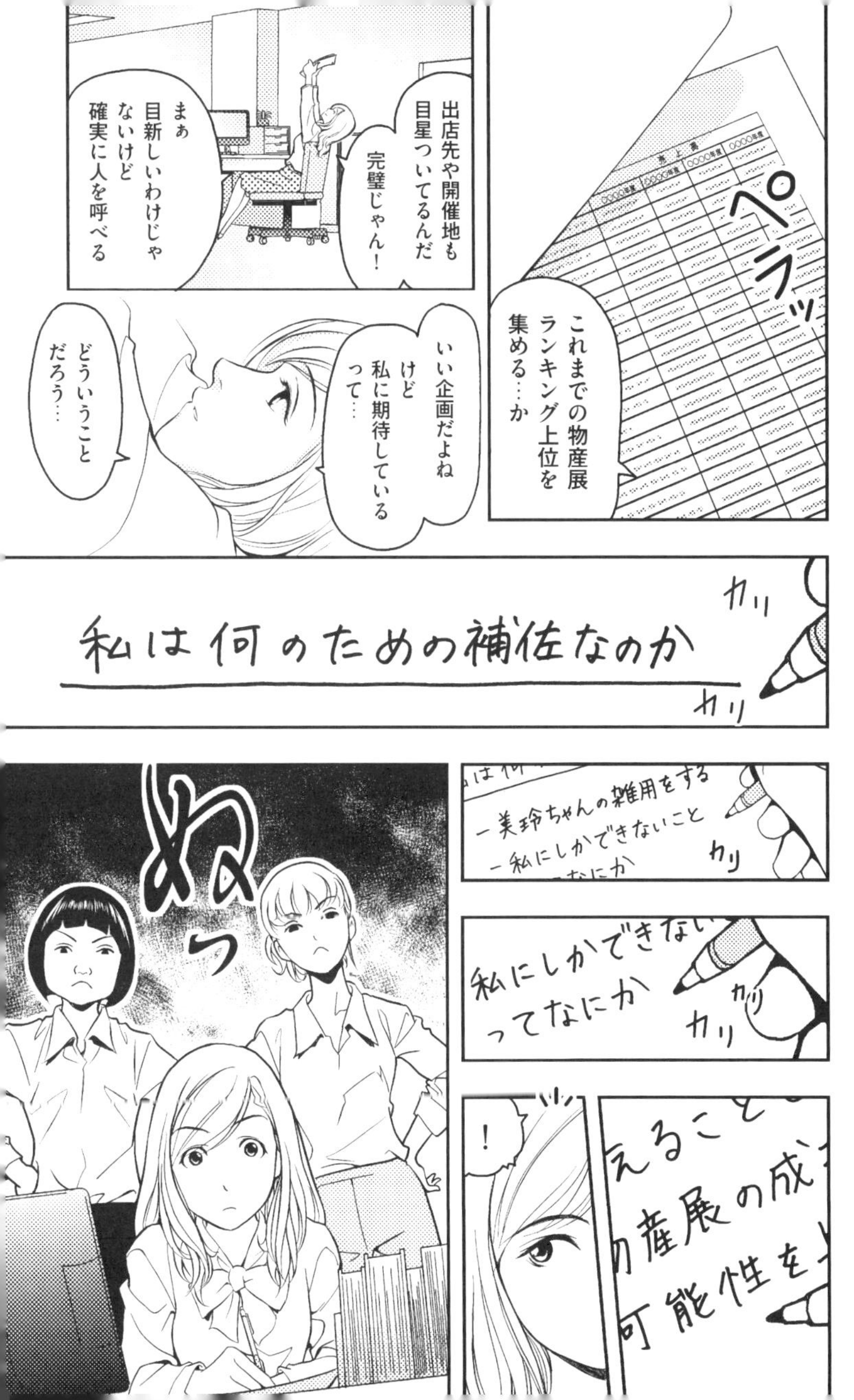
ペラッ
これまでの物産展ランキング上位を集める…か
出店先や開催地も目星ついてるんだ
完璧じゃん!
まぁ目新しいわけじゃないけど確実に人を呼べる
いい企画だよね
けど私に期待しているって…
どういうことだろう…
カリ
私は何のための補佐なのか
カリ
ー美玲ちゃんの雑用をする
ー私にしかできないこと
ー私にしか
カリ
私にしかできない
ってなにか
カリ
カリ
!
産展の成
可能性を
ぬっ

ビク
わぁ!
物産展
企画書
ど…
どうしたの?
物産
企画書
美玲さんのチームに丸山さんも入ったんですね
美玲さんがどういうつもりで丸山さんを推薦したかわかりませんが
絶対に邪魔をしないで
裏方に徹してください
もし美玲さんの足を引っ張るようなことをしたら
ぬっ
私達が許しませんよ
そんなこと言われても…

自分の意見を伝えることで物産展成功の可能性を上げる
って答えがメモ書きで出たんだ
後輩2人に何をされるか…
女の世界って怖いね
男のしっともこわいけど
けどちゃんとメモ書きで自分のすべきことが明確になったのは素晴らしいよ
えへへ褒められた
ただ色々考えてみたんだけどこれだってものが出てこないんだよ
はぁぁぁ
メモ書きを始めてまだ間もないから深い考えまで及ばないのは仕方がない
けどちゃんとトレーニングを続けていればきっと
思わぬところでアイデアが生まれるもんだから
そんなもんかなぁ…
そんなもんでしょ
あっ！謙二郎さん！

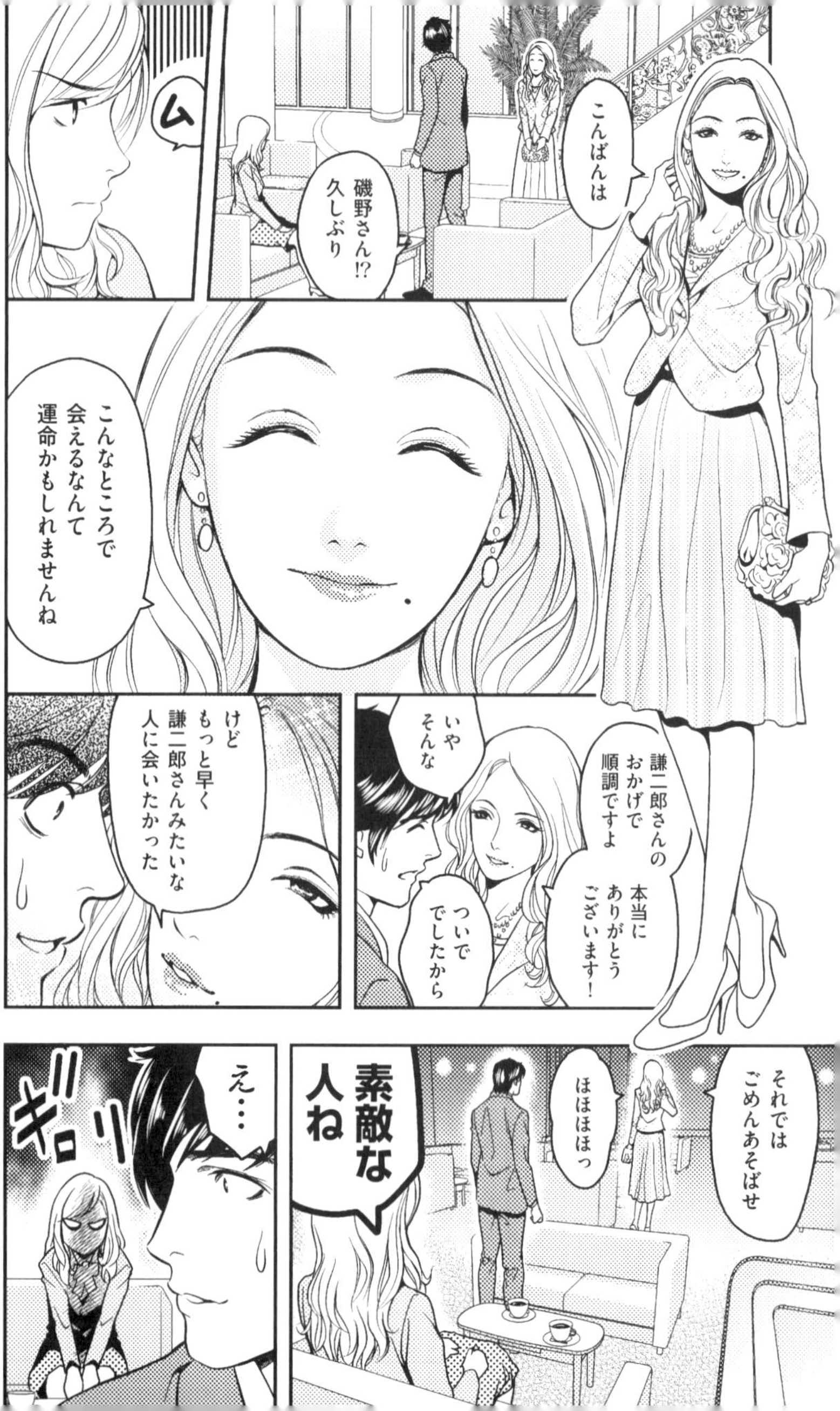
こんばんは
磯野さん!? 久しぶり
ム
こんなところで 会えるなんて 運命かもしれませんね
謙二郎さんの おかげで 順調ですよ
本当に ありがとう ございます!
いや そんな
ついで でしたから
けど もっと早く 謙二郎さんみたいな 人に会いたかった
それでは ごめんあそばせ
ほほほほっ
素敵な 人ね
え…
ギロリ

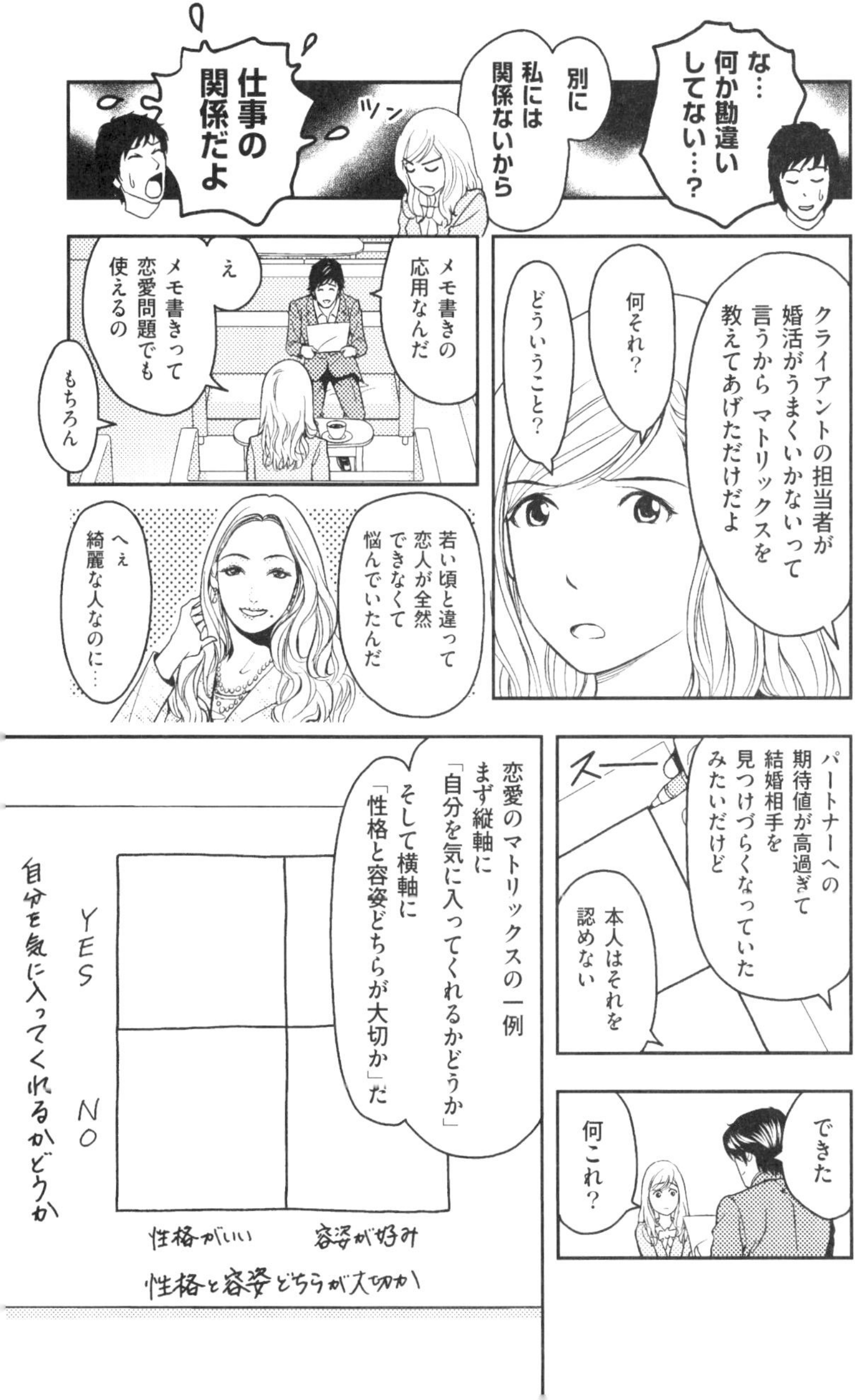

な…何か勘違いしてない…？
別に私には関係ないから
ツン
仕事の関係だよ
クライアントの担当者が婚活がうまくいかないって言うから マトリックスを教えてあげただけだよ
何それ？
どういうこと？
メモ書きの応用なんだ
え メモ書きって恋愛問題でも使えるの
もちろん
若い頃と違って恋人が全然できなくて悩んでいたんだ
へぇ 綺麗な人なのに…
パートナーへの期待値が高過ぎて結婚相手を見つけづらくなっていたみたいだけど
本人はそれを認めない
スー
できた
何これ？
恋愛のマトリックスの一例 まず縦軸に「自分を気に入ってくれるかどうか」そして横軸に「性格と容姿どちらが大切か」だ
自分を気に入ってくれるかどうか
YES
NO
性格がいい
容姿が好み
性格と容姿どちらが大切か

これを提示して目を覚まさせたんだ
正直に答えてくださいね 容姿がよくて自分を気に入ってくれる人って婚活パーティーにいましたか?
ほ…ほとんどいないです
じゃあここは×ですね
性格がよくて自分を気に入ってくれない人 イケメンで自分を気に入ってくれない人は恋愛対象ですか?
どちらも嫌です…
であれば冷静に考えれば
自分のことを気に入ってくれて性格がいい人を探すべきではないですか?
YES
NO
自分を気に入ってくれるかどうか
性格がいい
容姿が好み
性格と容姿どちらが大切か
ってアドバイスしたんだ
どうかした? 聞いてた?
ピンと来た! この表を使えば…
カリカリ
なるほど

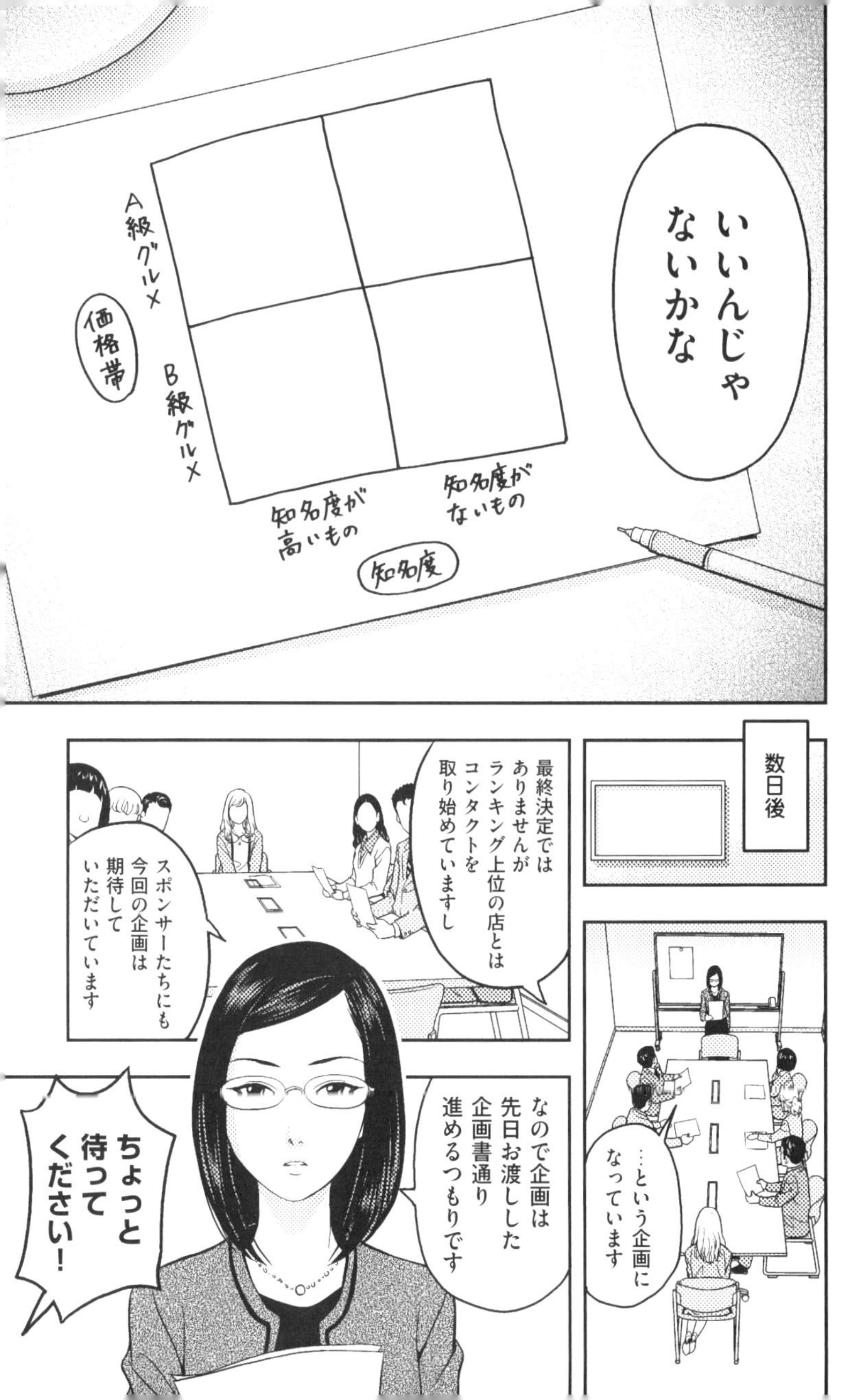

いいんじゃないかな
A級グルメ
B級グルメ
価格帯
知名度がないもの
知名度が高いもの
知名度
数日後
…という企画になっています
最終決定ではありませんがランキング上位の店とはコンタクトを取り始めていますし
スポンサーたちにも今回の企画は期待していただいています
なので企画は先日お渡しした企画書通り進めるつもりです
ちょっと待ってください!

なんですか?
意見があります
……何?
正直この企画じゃぁ
これまでの物産展と大して差がありません
ちょっと! なんてことを言うんですか
丸山さんのくせに生意気な!
ワッ
話を聞きましょう
美玲さん

どういうこと
聞かせて
本来物産展とは
その土地にしかない食材や料理を集めて新しい発見を提供するもののはず
その土地の人しか知らないB級グルメや知らない隠れた名品を再発見することをテーマとするべきです
人気商品を集めたこの企画は
現地に住む人の息吹が欠けていると思うんです
たしかにそうだけど…
現実を考えたら…
……
そうよ！それじゃあ人が集まらないでしょ！
だいたい新しいことをやろうとすればリサーチが必要になります人もお金もないのにどうやって見つけるんですか?
簡単に情報を得る方法があるんです
え

この表を使います
A級グルメ
価格帯
B級グルメ
知名度が高いもの
知名度がないもの
知名度
何？
ザワ
表？
ザワ
配ります
ザワ
縦軸を価格帯でA級グルメとB級グルメに
A級グルメ
価格帯
B級グル
横軸を知名度で高いものとないものに
知名度がないもの
知名度が高いもの
知名度
この表を各自治体に送って埋めてもらいます
!
なるほどこの1枚でわざわざリサーチしなくても各自治体の人が提案してくれるわけか…
自分の土地のものを売り込めるんだ必死に集めてくるだろう
再発見はもちろん有名どころも押さえられるな
A級B級に分けられているから幅も広がるね
…
これあなたが考えたの？
ええ

それじゃあ
後は任せたわ
丸山さん
え？
会議を
終わります
ガタ
おわり
おわり
美玲さんが
一生懸命考えた企画を
一蹴するなんて
サイテーです
へ
丸山さん
あなた補佐ですよね
私たちはあなたを
認めませんから！
じゃあ
私たちも…
目を
付けられるの
嫌なんで…
えっ
バタン
そんな…
嘘でしょ？

理由を3つ挙げて論理的思考力を鍛える

マッキンゼーに入社したコンサルタントが教えられること

マンガでは、論理的思考を鍛えるために、中吊り広告に目を光らせる方法を挙げています。顧客ターゲットは誰か、どう訴えようとしているのか、そしてそれは成功しているのかなどを、1つの広告から考えることで鍛え上げていきます。

なお、論理的思考を鍛えるうえで、もう1つ、お勧めの方法があります。それは、**理由を必ず3つ挙げ、それを説明すること**です。

この方法は、マッキンゼーのような世界トップの経営コンサルティング会社でも奨励されています。「理由は必ず3ついいなさい」、これが入社した新人コンサルタントがまず教えられることです。

たとえば、なぜ自分のアイデアがいいと思うのか。もし、そのアイデアが適当な思いつきだとすれば、理由を3つ考えることができないでしょう。「こういうことだからこうだ」と1つくらいはいえるでしょうが、ちょっと突っ込まれたり鋭い質問をされたら、返せなくなってしまいます。論理的思考が不十分な人は、そもそも自問自答ができない、あるいはその習慣がないため、根拠が薄弱だということに自分では気づいていないのですが、それに気づくきっかけにもなるのです。

理由を3つ考える習慣を身につけていれば、理由の弱さから自分でも最初に思いついた案が必ずしもベストではないと気づき、もう少しこうしよう、ああしようと考えたり、第2、第3の案を考えるようになります。

マンガでも、第1章で桃子が「これまでにない懇親会をやりたい」というクライアントからの依頼に対して、ネットニュースで見た記事に影響され、ドミノ大会をすることを思いつきます。しかし、美玲から「考えが浅い」と指摘されました。

もし、同じようなことを論理的思考ができる人が依頼されたら、まずはクライアントの意図をしっかりと把握します。

・創立40周年記念として、話題になるイベントをしたいのか
・これまでは飲み会をしていたがいまいち評判がよくない。それを変えたいのか
・社員が増えてきていて、社員間の交流が浅くなっている。それを変えたいのか
・人事制度を変え、意識・行動改革を進めたいので、その景気づけにしたいのか

1つではなく、複数ある場合もあります。複数の場合は、どの項目がどのくらい重要なのかも把握します。マンガでは健康診断を兼ねた運動会をする案になりました。

安心して任せられる人になれる

マンガでは触れませんでしたが、ではこの企画にした理由を3つ考え、うまく説明するとどうなるでしょうか。たとえば次のようなものになります。

「このイベントがよいとする理由は、3つあります。

第一は、企画の新鮮さと話題性があること。近年、社内運動会を開くのが密かなブームです。本企画は、そこに、健康志向の高まり、ということに着目し、簡易な健康診断も兼ねてしまうというもの。クライアントにも新鮮味を感じていただけると思いますし、マスコミにも取り上げてもらえるチャンスが増えると考えています。

第二に、健康的で活力ある社員が増えることが期待できます。社員に運動するきっかけと、健康管理への意識を高めてもらえることが期待できるからです。

第三に、予算もリーズナブルです。場所の確保や運動器具については、日頃取引しているB社が特別価格で手配してくれます。予算枠内で収まります」

ここまで説明すると、上司あるいはクライアントにも突っ込まれません。マンガの桃子のように、信頼され、任されることも増えていきます。

理由を3つ挙げることを習慣化するメリットは、論理的思考が自然に身につくだけでなく、自分の意見に対して自信を持てますし、結果的に周りから安心して任せられます。 1つひとつの理由がやや弱く決定打に欠けることもありますが、3つの理由を聞くと、相手も「なるほどそうだな」と納得しやすいのです。

「マトリックス」で頭を整理する

初めてでも使える「マトリックス」

論理的思考を深めるには、「フレームワーク」(考えの整理の仕方)を使うと、頭を整理しやすくなります。フレームワークという言葉はビジネスパーソンであれば一度は聞いたことがある人も多いと思いますが、実際うまく使いこなせている人はほとんどいません。フレームワークをきっちり使いこなせるようにすると、論理的思考の点でも有利ですし、説得力を増します。

その代表的なものの1つに「マトリックス(マトリクス)」と呼ばれるものがあります。

縦軸と横軸には、整理するうえでもっとも重要だと考える2つの項目を選びます。

この2つには、たとえば価格と品質のように、一方が高くなればもう一方も高くなる

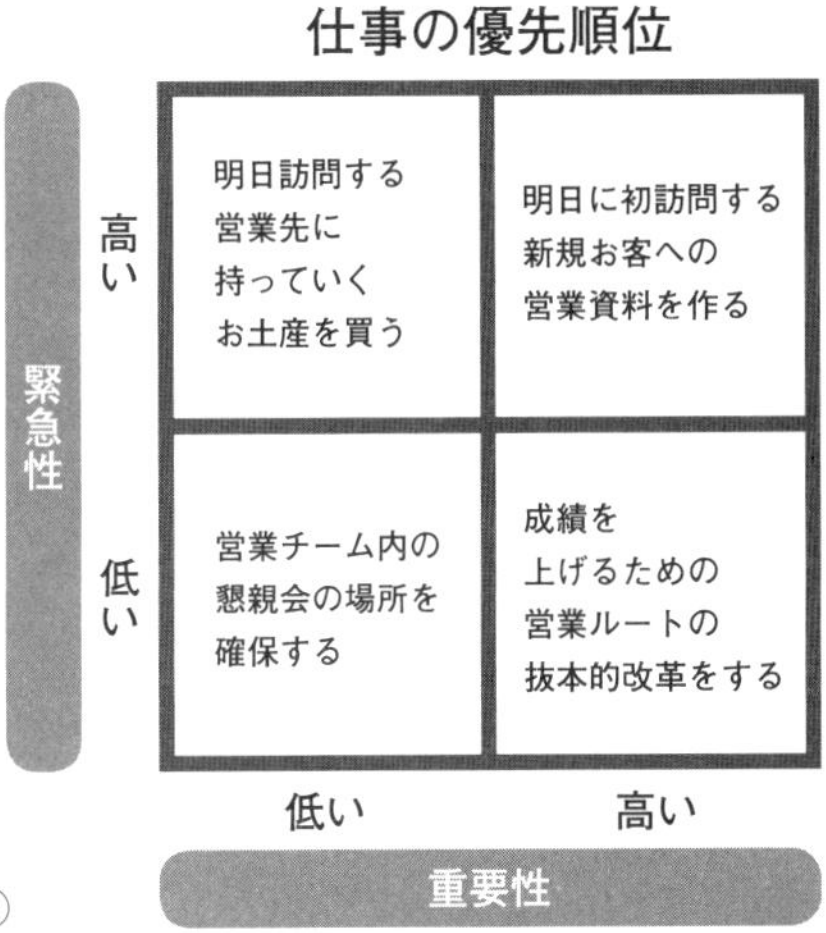

マトリックス⑥

（もしくは低くなる）ような相関関係にあるものではなく、それぞれ独立したものを選ぶことがポイントです。その時の目的に沿った軸を考え、決定する必要があります。

　上に、仕事の優先順位を決める際に使えるマトリックス⑥を挙げました。縦軸に仕事の「緊急性」の高低を、横軸に「重要性」の高低を取って、抱えるタスクを分けてみます。こうすると、論理的思考を徹底できるので、優先順位に沿って慌てず、また抜けも漏れもなく行動することができます。とりあえず緊急性も重要性も高い新規顧客向けの営業資料作りに取り掛かればいいことが誰の目からも明らかになります。

縦軸と横軸に何を入れるかがポイント

同じようなマトリックスを「婚活の相手選び」に使ってみましょう。

１１１ページのマトリックス⑦はマンガで謙二郎が解説したものを参考にして作ったものです。婚活の相手として何人かの候補を考え絞りこむ際に、「自分は相手の何を気に入ったか」「相手が自分をどのくらい気に入ってくれるか」で判断するという考え方で作成しました。ここに出てこない家柄・家族、職業、年収などに関しては一応及第点だとしていますが、たとえば結婚相手には年収とルックスだけを軸として選ぶとなると、マトリックス⑧のようなものになります。

マトリックス⑦がいいと思われる理由を３つ挙げてみましょう。

- 容姿はもちろん大事。ただ結婚相手としてはそれだけではないと気づかせる
- こちらの好みはともかく、相手にどう思われたかを判断に入れている
- 書き込むことで、パートナーへの期待値がこれまで高過ぎたことを気づかせてくれる

マトリックス⑦

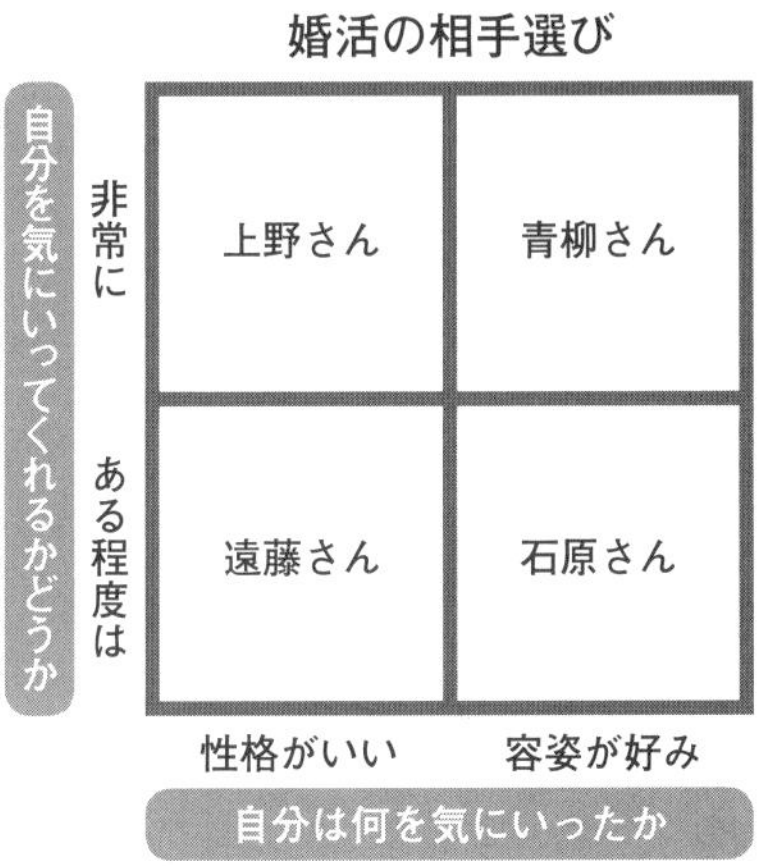

マトリックス⑧

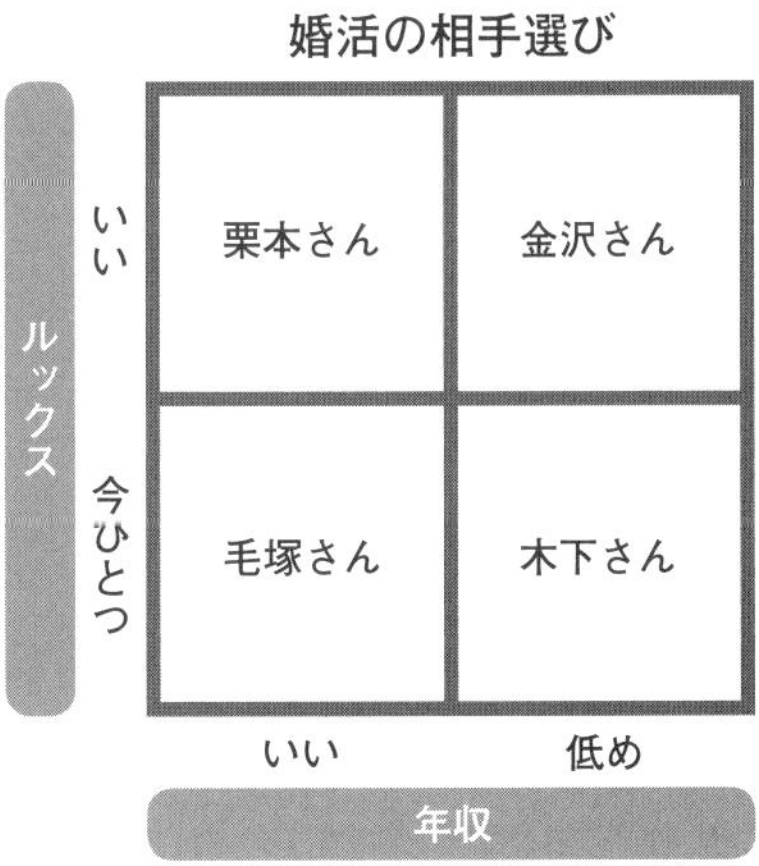

ちなみに⑧の場合は、絞り込むのは簡単にできそうですが、それでは年収が高く、ルックスがいい人がいい、となるだけであまり役に立ちません。

ただし、結婚相手を選ぶための軸は他にもあるでしょうから、ご自身の価値観に合わせて修正してみてください。マトリックスは、初めてでも、かなり使いやすいフレームワークとなることを実感していただけると思います。

2×2のマトリックスを徹底マスターするのが吉

世の中に出ている多くの戦略本には、1冊に多数のフレームワークが紹介されています。しかし、フォーマットだけ覚えたところでまったく役に立ちません。それよりも、今自分が抱えている課題について考え、それを整理するために、2×2のマトリックスを自分のものとするところから始めるほうが、身につきます。論理的思考の強化という意味では、そのほうが近道なのです。

私はマッキンゼーの新人時代に、A4コピー用紙に2×2のマトリックスの枠組みを6個並べた紙を作って、毎日1枚、6個ずつ「マトリックス作成練習」をしていました。これにより、短期間のうちに2×2マトリックスを使えるようになったのです。整理するうえでもっとも重要だと考える2つの項目をまず考え、いったん記入してから有用性を確認し、バランスを取る、という方法です。

マトリックスの2軸の選択は、多種多様です。そのなかから最適な軸をいかに早く見つけるかが重要で、これは書き慣れることでベストなものを選ぶしかありません。

Check List

第2章

□論理的思考を鍛えるためには、通勤途中の中吊り広告も利用しよう。

□自分が意見を出すとき、
また他人のアイデアや意見に賛成・反対するときは、
必ず理由を３つ挙げるようにしてそれぞれ説明すると、
論理的思考力が鍛え上げられる。

□フレームワークの１つ「マトリックス」はものごとを整理するのに便利。

□マトリックスの縦軸と横軸には、相関関係にあるものではなく、
それぞれ独立したものを選ぶことがポイント。

□マトリックスをマスターするには、
１枚の紙に１日６つずつマトリックスを作成していく
実践的な練習方法がお勧め。

第3章

「フレームワーク」で思考を加速する

動き出した大型物産展の企画。
しかし、思うように同僚から協力を
得られない桃子は、四苦八苦する。
そんななか
ロジカルシンキングを駆使すれば、
人間関係もよくなることを教わる。
同期でライバルの美玲に
思いをぶつけてみると……。

福井県
若狭おばま鯖おでん
島根県
赤天
愛媛県
八幡浜ちゃんぽん
富山県
とろろ昆布おにぎり
新潟県
イタリアン焼きそば
見たことない食べ物ばかりね
さすがB級グルメの知名度の低い欄の料理は面白いなぁ…
丸山さん
最新の店舗リスト持って来て

行方バーガー
茨城
ウツボのた
ハタハタ
秋田
つけナポリ
みかん鍋
山口県
オオグソクムシせんべい
はい
スタ…
これが出店一覧と特産品のリストです
ありがとう
会場は以前の企画書のまま決定でいいですか？
あぁそれなんだけど
やめた
え？
あなたの企画を信じてもうひと回り大きなところを押さえることにしたわ
えっ！

野々木公園
そんな大きなところ……
もし人が来なかったら……
スポンサーからの信頼はガタ落ちね
広っ!!
あなたには今後たくさんの権限を渡すから責任を持ってやるように
頼んだわよ
は…はい……
ニヤ ニヤ
行っていいわ
美玲さんってやるわね
丸山さんにどんどん仕事を押し付けているみたい
そりゃそうよ あんだけ大口叩いて企画を奪い取ったんだもん
トボ トボ
責任取らせなきゃね いい気味よ
フフフ!!
ヘヘヘ・・・

はぁ～…
あの…
有馬くん
どうかした？
物産展の宣材写真結構パンチ強いの多いですね
まだまだ知らない料理があるもんよね
実はさっきこのキモカワグルメをうまく使えないかとこの前丸山さんに教えてもらったメモ書きしてみたんです
えっ!?
見てください
ドサッ
こんなに？
20XX.X.XX
B級グルメを知ってもらうには
-ネットを使う
-広報業務を強化
-特報サイトを作る
○○物産展
物産展って年配の客メインだから
どうしても広告がチラシや新聞広告が中心になっていますよね
ネットか…
そうです！
けどネットを活用することで若者を呼び込んでみたらどうかと思うんです！

ある物産展の客層データでは60代が30％で
50代と40代がそれぞれ20％だそうです
60代 30%
50代 20%
40代 20%
その他 30%
そっか新しい層の開拓なんて考えてもみなかった…
たしかに若い子が来るようになれば会場が広くなっても大丈夫よね
若者を呼び込むにはキモカワのB級グルメはもってこいです
ちなみにネットを使うって何をするの？
やっぱりリスティング広告とかアフィリエイト広告ですかね？
それだと予算がかかるからダメね
え…
けど…広告にお金がかかるのは仕方がないですよ
こういう時こそメモ書きでしょ
サッ
予算をかけないで若者にアプローチするか
どうですか？
う…ん
カリ カリ カリ カリカリ
若い人たちに広告塔になってもらうのはどうかな？
え？

SNSってラーメンやお肉の写真が載っているよね
写真映えですね 僕も載せますよ
なんで？
だって共感されたいじゃないですか？
！
ツイッターやフェイスブックで写真付きで紹介されれば情報が拡散されますね
そうね！
そういえばキモカワなダイオウグソクムシもSNSで火がついて若者が集まるネコネコ超会議の展示では人が溢れましたよ
まだまだ色々できるかも
カリカリ
カリカリ
え
カリ カリ
キモカワグルメを早い段階で試食してもらってSNSにあげてもらいましょう
シェアしてもらえればどんどん拡散するわ
カリ カリ カリ カリ カリ
その地方出身の有名人や著名人にも参加してもらえるといいわね
各市区町村にツイッターで「いいね」を押される数を勝負するのもありかも
カリ カリ カリ カリ
できればまとめサイトとかに取り上げられて…etc
…
カリカリ カリカリ
すごい アイデアがどんどんと出て来ますね
使えるか使えないかは関係なくとにかくアイデアを出すことが大切なの

有馬くんがネットで若者をというヒントをくれたから新しいアイデアが生まれたのよ
やっぱり人が増えれば新しいアイデアが生まれるわね
そうですね
に
これなら3C《スリーシー》で照らし合わせても他のイベントと差別化できると思います
3Cって何？
え？知らないですか？
3Cとは事業環境を分析するためのフレームワークです
Customer（市場・顧客）
Competitor（競合）
Company（自社）
以上の3つの点から分析するんです
へぇ
はじめてきいた…
実際やってみますね
カリ カリ カリ カリ
はい
わっ！
ひゃぁあすごい！
市場・顧客（Customer）
－物産展のお客は40代以上の女性（メインは60代の女性）
－多いところで1日2万人の来場客がある
－いちばん人気があるのは北海道物産展
－過剰に開かれている状態で、供給過多になりつつある
競合（Competitor）
－当日は近隣で定例の物産展が開かれる
－ライバルが開く物産展は、客はいまだに多いもののマンネリ気味
－ライバル社の物産展は来場者が1年で1割減少
－ネット通販の台頭
自社（Company）
－今回の企画のコンセプトの1つに、若者が行きたくなるような「キモい」「カワイイ」を入れる
－今回の企画は、定番商品の隣に知られていない商品を並べるなどして、これまでの物産展と違ったアプローチができる
既存顧客層に加えて新規顧客層を呼び込む企画ができるし
さらに従来の物産展に飽きた旧来の顧客層も取り込めます
なるほどね

3Cを使えば整理できるんだフレームワークって便利ね
……
丸山さん
ん？
絶対に物産展成功させましょう！
協力してくれるの？
もちろんです！僕は丸山さんに付いていきます!!
ほんと？ありがとう！
ギュッ
頑張りましょう
有馬くんがいれば百人力よ！
有馬君
ぬっ

ドン
ちょっと やってほしいことが あるんだけど
え… でも
何か?
いえ何も…
スッ
すみません…
ホホホホ
ポツーン
う～ん まずい
ゴロゴロ

数日後
疲れたぁ
顔色悪いね
仕事きついの？
みんな積極的に手伝ってくれないの
え？
大阪の参加店からお電話です
いつになったら詳細送られてくるねん
ホンマ頼むで！
すっ！すみません！
秋田の参加店からお電話です
早ぐ決めてもらわねどアルバイトの手配ができねんだってば
ペコッ
ペコッ
まだわからないのでわかり次第ご連絡差し上げます
沖縄の参加店からお電話です
うぬ冷蔵庫ちゃっさなーかんかいいーがや
ん…？
え…？

ホホホホホホ
それ1人でやる仕事なの？
人間関係が複雑なんです
人間関係もメモ書きで本質を探ればきっと解決の糸口が見つかるよ
なるほど…今度やってみよう
ムクッ
ところでマッキンゼーってコンサルティングしてる会社でしょ？
たくさんの参加店からそれぞれ別々の要求をしてくるのよ
たとえば？
当日のアルバイトをどうやって雇えばいいですか？
どれくらい音を出していいの
利用
告知はいつからしていいの？
スをしたい
イベント中に泊まるホテルはどこが便利？
雨や雷の対策は
行列ができた場合どうやって対応する？

ちょっと待って！それらは現象でしかないよね
え？
利用
てい!!
現象
現象
現象
現象
本質
現象を1つずつ潰していってもきりがない
まずは現象の元になる本質的な問題を明確にする
そして本質そのものの問題を解決する必要があるんだ
本質が解決されれば諸問題への対応策が明確になってくる
じゃあすべての問題をメモ書きするの？
うまくできるかな…
それもいいんだけどもっと簡単にできる方法がある
メモ書きの発展形
スッ
わっ！
そんなところに紙を忍ばせてるの!?
紙は常に持ち歩いている
それではまずわかりやすく学校の問題を例にやってみよう

現象・問題点
いじめ
不登校
友達ができない
不良
成績が悪い
先生のえこひいき
モンスターペアレント
今起こっている問題を書き出す
メモ書きでこれはできるようになっているよね
現象・問題点、本質的な問題
親の問題（資質、甘やかし）
先生の問題（資質、社会経験の低さ）
学校の問題（経営姿勢）
全部
そしてそれらの現象に内在する本質的な問題点を明確にする
本質的な問題
本質的な解決策
親への教育・啓蒙
先生の基準向上、多様化
学校改革への取り組み
本質的な解決策をメモ書きから導き出す
大きな枠組みができてしまえば具体的なアクションは決まってくる
具体的なアクション
家庭内教育の重要性の認知度向上
親の躾に関するセミナー・研修提供
先生間のノウハウ共有、競争導入
社会経験豊富な先生の採用
先生の地位・報酬向上
学校の特長を出し授業内容を魅力的に
学校・教育改革への具体的な取り組みを地域で後押し
おお～これなら場当たり的な対応をしないで済むわ

ガタッ
このフレームワークを駆使すれば一貫した指示をすることができるでしょ
そうね
え…どうしたの？
家帰ってやってみる
ええっ！帰る？まだ料理来てないよ
ごめんごめん
1人で食べて
びゅうぅぅ
そんなぁ
まったく一直線なんだから
それが桃子のいいところなんだけどな
これどうしますか？
メインディッシュです2人分…
まだあるの…
ゲプ
もぐもぐ

できた
これである程度
やるべき具体的な
アクションが
明確になった
本質的な問題の
「人手が足りない」
の解決策は…
本質的な問題
人手(仲間)が
足りない
本質的な解決策
協力者を
増やす
「協力者を
増やす」ね…
あの2人手伝って
くれるかな？
なぜか
嫌われてる
からなぁ
う〜ん
ケケケケケケケ
そういえばさっき
謙ちゃんに…
人間関係も
メモ書きで
本質を探れば
きっと解決の糸口が
見つかるよ
やって
みようかな
スッ
カリ
カリ
カリ
カリ
彼女たちは
美玲ちゃん
LOVEよね
じゃあ美玲ちゃんが
認めるものは
敵ではないかな
憧れの美玲ちゃんを
邪魔するものは
全部敵…
邪魔する
敵
邪魔する
敵
なるほど…

有馬君や別府さんは先輩に目を付けられることを嫌っているだけか
その問題さえクリアされれば手伝ってくれるはず
伊藤さんは…よくわからない
…。
あ…
美玲ちゃんって私のことどう思っているんだろう…
それじゃあ後は任せたわ
そんなことしていたら会社にいられなくなるわよ
私の期待を裏切らないでよ
美玲ちゃんの私に対する気持ち
カリ
カリ
いつもボーッとしてい
期待していない
同期のよしみで
実は評価してくれている
仕事を認めてくれる
アドバイスしてくれる
ちゃんと教えてくれる
カリ
私に権限を与えて
期待してくれている
カリ
へ

いやいやいや
さすがに これはないかな…
けど何度やっても 同じような 結果が出ちゃう…
うーん
考えるのが 面倒だ…
ギュ
直接 聞くほうが早い
全体的に 遅れが目立つので 皆で協力し合って 頑張ってください
これで 会議を 終わります
……
ヒソ ヒソ
どうしたのかしら 今日の丸山さん 元気ないわね
そろそろ 無能ぶりに気づいて 辞退するんじゃない
ヒソ
ヒソ
ガタン
お
遂にギブ アップ?
ガッ ガッ
美玲ちゃん

私のこと評価してくれてるの？
もちろんでしょ
あなたのことは高く評価しているわ
ガ
ワッ
ちょっと何言ってるのよ
思い上がるにも程があるじゃない
もう許さない
あなたと美玲さんは違うのよ
丸山さん…

えええええええ！
入社当初から丸山さんに劣等感を抱くほどにね
え？劣等感？
なんで？
私より全然優秀じゃん
けどこの会社はイベント会社企画ありきなの奇しくもあなたに指摘された通り
私の企画はどこかでやったことあるものを少しアレンジしたものばかり
そりゃそうよ
へ…
私のほうが優秀なのはわかっている

あ
これまでの物産展と大して差がありません
けどあなたのアイデアは独創的でそして魅力的
ずば抜けた企画力に私は嫉妬していた
確かにすごい
けどね…
突飛過ぎて現実味がないというか…
市民が団結
ドミノ世界記録達成!
ニュース
その通りね深く考えることもせずに短絡的なものばかりを企画書にしてしまう
それを見ていて口惜しくもあり
けどあなたは変わったわ
自分の実力に気がつかないことに安堵していた
美玲ちゃん…

最近は論理的にものをとらえられるようになってきたし
仕事のクオリティも上がってきた
私は以前のような嫉妬ではなく次は何が飛び出すのかドキドキするようになってきた
あなたと一緒に仕事をしたらいったいどんなイベントになるか…
だから私のチームに入ってもらった

もっともっとアイデアを出してちょうだい
責任は私が取るから！
……
……
美玲ちゃん！
ギュ
みんなこれまでにない物産展を作り上げましょう
はいっ！
美玲さんが認めていたなんて早く言ってくださいよねぇ
一緒に頑張りましょう！
あ…あんたたちね…
ま…いっか…
ワイ
ワイ
ワイ
これで一丸となってイベントに臨めるわ

物産展開催
数日前
ええええっ！
盲腸ですって!?
仕方がないでしょ 私だって なりたくて なったわけじゃ ないんだから
そりゃ そうだけど…
けどリーダーの 美玲ちゃんが いなくなったら 大変だよ
……
そのこと なんだけど 私の後を 引き継いで ほしいの
えええ
わかった
ずいぶん あっさりね
だって

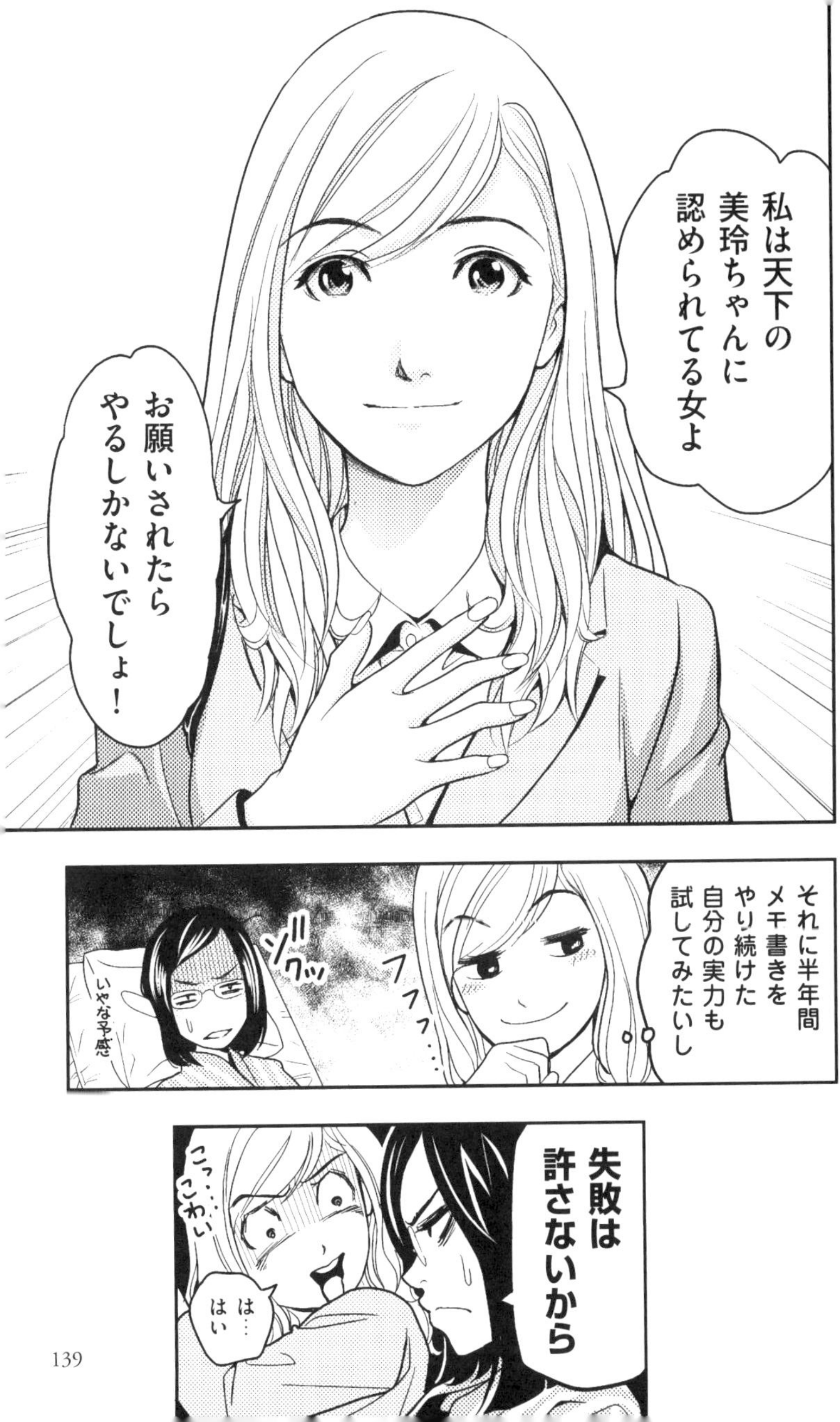
私は天下の美玲ちゃんに認められてる女よ
お願いされたらやるしかないでしょ！
それに半年間メモ書きをやり続けた自分の実力も試してみたいし
フフフ……
ゾクッ
いやな予感
失敗は許さないから
こっ……こわい
は……はい

ロジカルとクリエイティブの関係

美玲と桃子で考えるロジカルとクリエイティブ

あまり聞いたこと、見たことがない斬新な発想に対して、「クリエイティブ」という表現を使います。そういう発想やデザインを生み出す「クリエイティブな人」が、自分を深く考えることが苦手だと思っていたり、苦手だと周囲が思っていたりすることがあります。結果、「クリエイティブ」と「ロジカルシンキング」は対極のものという印象を与えてしまっているところがあります。

しかし、そうではありません。**ロジカルシンキングは、実はクリエイティブな発想を出すためのツールと考えたほうがいいのです。**メモ書きや、その応用のフレームワークを使えば、色々なケースを考えたり、発想を転換したりすることができます。

ロジカルシンキングを使えば、なぜその新しい発想がいい案なのか、自分で考えたり、他人に説明したりすることができます。

マンガの美玲と桃子について見ていきましょう。

美玲は、世間一般でイメージされるロジカルシンキングの持ち主といえはしないでしょうか。理詰めで考え、落ち度なくやり遂げるのが彼女の思考スタイルのように見えます。少し独創性に欠けるので面白みがあまりないものの、結果は着実に出していく。かたぶつっぽいところも、論理的思考という固いイメージに合うのでしょう。

美玲のような理詰め派は、実際のビジネスの現場でも、手堅いが発想がやや貧困で大躍進しないタイプが多いかと思います。

一方、桃子は突拍子もないことをいうものの、独創性があり、クリエイティブな発想ができているように見えます。ところが、これまで頭が整理されていなかったため、結果が出ていませんでした。

桃子のような感覚で行動するタイプは、現に社会でも「一発屋」のビジネスマンには多いです。

理詰め派の美玲と感覚派の桃子。前者をロジカル、後者をクリエイティブといったりする傾向にありますが、じつはどちらの指摘も必ずしも正しくはありません。

もし美玲がロジカルシンキングを身につけたら

桃子は、自分の頭をどう整理したらよいかがわからず、次々に湧いてくるアイデアをどうとりまとめ、結果につなげていったらいいのかもよくわからなかった。それらをどうわかりやすく説明したらいいかわからなかった、という状態です。

そういう桃子が、メモ書きを覚え、フレームワークを知り、頭の整理とわかりやすい伝え方の両方ができるようになりました。そのため、うまくいくことが増え、急速に伸びていきました。A４メモ書きやフレームワークは、次々出てくるアイデアに、理詰めを加えて、会心の一撃にするためのツールになります。そのため、ロジカルシンキングによって、桃子のような感覚派がビジネスの現場で活躍できたのです。

では、逆にすでに理詰め派の美玲が、さらに論理的思考をしっかり使うことができたらどうなったでしょうか。考えが深まれば、もっといい案、「なるほど！」と周囲の人を納得させる案を出せたはずです。これまでは、成功したものを真似するというやや平凡な発想をしていた美玲ですが、ロジカルシンキングでものごとを考えたら、桃子にも負けない独創的な「一流の発想」をし、大成功に導く会心の一撃が出せたのではないでしょうか。

A4メモ書きやフレームワークは、理詰めの発想に、クリエイティブな思考を加えることができます。つまり、ロジカルシンキングは美玲のような理詰め派を活かすためにも、有効なのです。

フレームワーク「3C」の使い方

「市場・顧客」「競合」「自社」ではかる成功の可能性

フレームワークとは、ものごとを考えるうえでの枠組みを指します。第2章で紹介したマトリックスもその代表的な1つですが、第3章のマンガで、有馬がいっていた「3C」も有名なフレームワークです。これは、ビジネスを成功に導くために必要な3つの要素、市場・顧客（Customer）、競合（Competitor）、自社（Company）を指します。そのビジネスの客層がどういった人で、競合はどういう所（企業）で、そんななかで自分たち（自社）はどうやって勝負していくのか。これを徹底して考えることで、失敗を回避し、成功率を高めることができます。簡単ですが、多くの場合に非常に効果的です。

146ページの図⑨は、マンガのなかで有馬が書いたものを、3Cのフレームワー

クの形で表現したものです。

市場・顧客（Customer）を見ると、顧客層は中高年の女性。多いところで1日2万人の来客があるものの、物産展が過剰に開かれていて供給過多になりつつある、といった現在の市場までとらえられています。ビジネスをするうえで、顧客調査、市場調査は絶対ですが、その結果がここに当てはまります。

競合（Competitor）には、同期間に近隣で開かれる同種のイベントといった目の前のライバルだけでなく、競合他社の動向、またネット通販などの異業種参入による新たなライバルなどの状況がピックアップされました。書き込むことで、思わぬ敵を認識できることにもつながります。

美玲が当初考えた物産展は、どうやら、このライバル

図⑨　3C分析

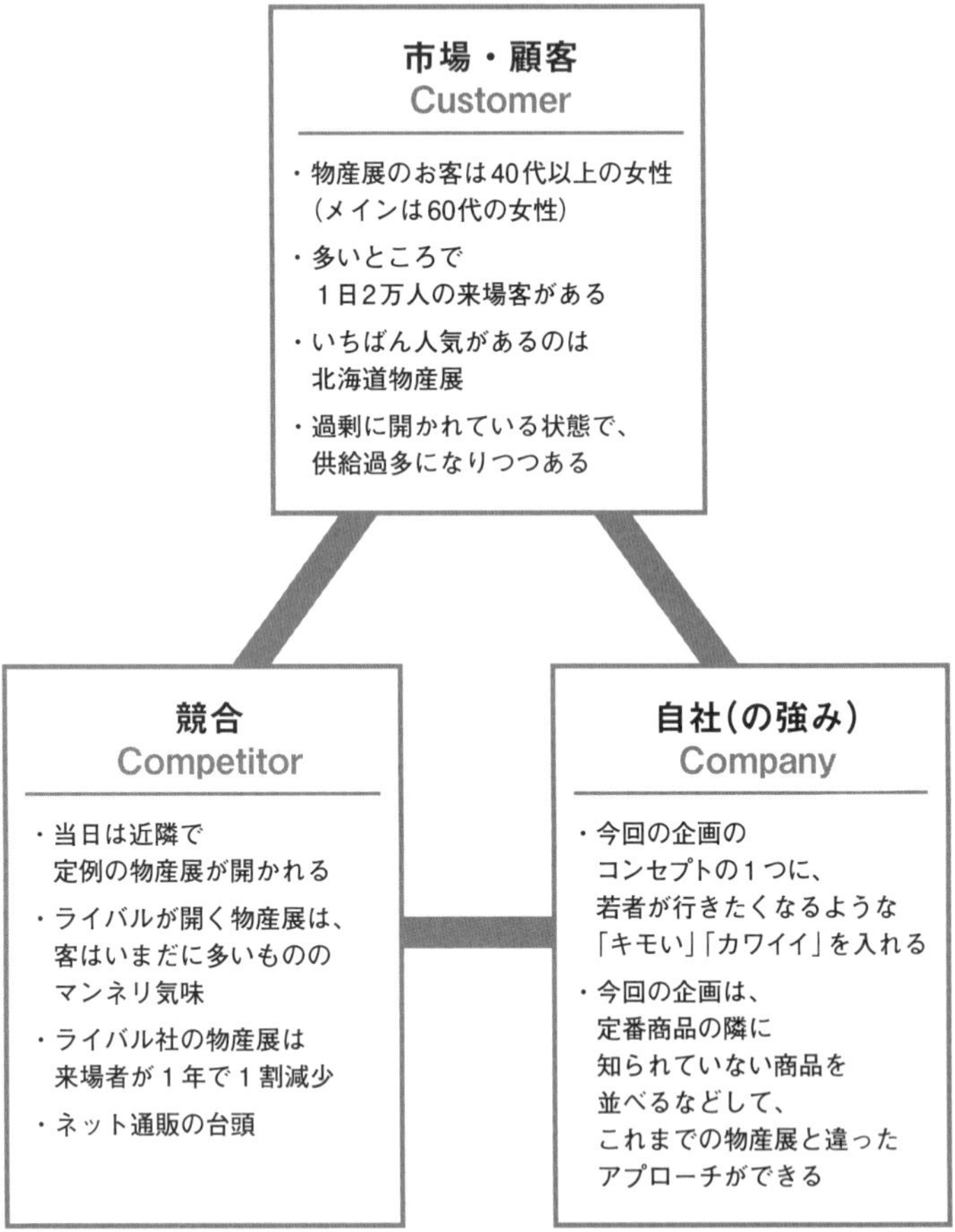
市場・顧客
Customer
・物産展のお客は40代以上の女性（メインは60代の女性）
・多いところで1日2万人の来場客がある
・いちばん人気があるのは北海道物産展
・過剰に開かれている状態で、供給過多になりつつある
競合
Competitor
・当日は近隣で定例の物産展が開かれる
・ライバルが開く物産展は、客はいまだに多いもののマンネリ気味
・ライバル社の物産展は来場者が1年で1割減少
・ネット通販の台頭
自社（の強み）
Company
・今回の企画のコンセプトの1つに、若者が行きたくなるような「キモい」「カワイイ」を入れる
・今回の企画は、定番商品の隣に知られていない商品を並べるなどして、これまでの物産展と違ったアプローチができる

社のものに横並びになるものだったようです。これでは、大きな失敗はないかもしれませんが、ライバル社の物産展に勝てる、とはいえません。人気のある（売れている）ものの真似をするだけではじり貧になってしまうという、いい例です。

自社の強みと弱みを把握して最終戦略を練る

そこで重要になってくるのが、最後の自社（Company）。ここではまず自社の強みを主張していきます。

有馬のメモ書きを見ると、今回の物産展は、定番商品以外であまり知られていない商品も並べることで、これまでの物産展に飽きてきている中高年女性の層も取り込めるうえに、物産展になかなか来なかった若年層まで獲得できる、といった企画の強みが紹介されています。

定番商品以外で知られていない商品を見つけ出す能力が鍵であり、これをクリアすれば、ライバルの物産展にも勝てそうです。

また有馬は触れていませんが、ここでは自社の弱みも把握・確認しておくとさらにいいでしょう。たとえばマンガでいえば、物産展というイベントが初の受注だとすれば、桃子たちの会社にその経験がないことが弱みとなります。弱みがわかれば、補える案も考えられます。たとえば今回の物産展では、若者を新規顧客にすることを狙いましたが、このイベント会社が、若者向けイベントの受注が多いところであれば、それが補うポイントになるでしょう。

また、弱みが強みに変わる場合もあります。たとえば経験がないということは、ある種、しがらみがないということ。本当に顧客を集められる企画を、誰にも遠慮せずにゼロベースから考えることができるのが強みとなるかもしれません。

このように、3Cのフレームワークを使えば、顧客・市場、競合、自社といった3つの軸でビジネスを見られるようになり、成功率を上げることができます。そして、他の人からも、「なるほどね。それだったらうまくいきそうだね」と賛同を得られるのです。

基本に戻って顧客・市場、競合、自社をしっかり考えることで、抜け・漏れのない施策になっていきます。営業、企画、プレゼンといったジャンルでぜひ3Cフレームワークを使ってみてください。

3CのフレームワークをA4メモ書きで作る

企画や新規事業を考える際に、3Cのフレームワークを使う。その際、これをA4メモ書きで作っていくと、150ページのメモ書き⑩のような形になります。さらにメモ書き⑩でメモしたことの1行目「顧客・市場から考える」をタイトルにして、さらにメモを書いていくと、メモ書き⑪のようになります。このようにして、それぞれで深掘りをしてどんどん検討を深めていくことができます。

A4メモ書きのメリットは、こうやって深掘りが即座に自由にでき、かつ全体観を見失わない、というところにあります。

難しく考える必要がまったくありません。気になることをタイトルにして1枚書くと、その後、必要に応じて、本文の各行をタイトルとしてまたメモを書いていけます。

メモ書き⑩

企画・事業検討を
どういう軸から進めるべきか

2019-2-1

- 顧客・市場から考える
- 競合状況を把握し、どういうリスクがあるのか考える
- 自社の状況を詳細に分析する

メモ書き⑪

顧客・市場から考える

2019-2-1

- 顧客層は中高年の女性が中心
- 1日2万人の来客もある
- 物産展が過剰に開かれていて供給過多になりつつある

結果として、全体観があり、深掘りされたA4メモ数枚が、数分でできあがります。ロジカルシンキングを素早く身につけたいときは、うってつけの方法です。

そして、**A4メモ書きで深掘りしていくもう1つのメリットは、頭に浮かぶまま書いていいても、決して質が落ちないことです。**余計なことを考えず、どうまとめようというエネルギーを使わず、片っ端から書き出すと、これまでの経験と知恵がそのまま発揮されます。蓄積された経験、問題意識、問題に対処した知恵、失敗体験と対処法なども曲がらずに出てくるのです。

なお、プレゼンや会議資料などでは、A4メモ書きで出た答えを、3Cなどのフレームワークに落とし込んで誰にでも伝わるようにビジュアル化させる、といったような使い分けもできます。

「ロジックツリー」で問題解決を導く

テンパらないために覚えたい「ロジックツリー」

木の枝のような形をしているフレームワークに「ロジックツリー」と呼ばれるものがあります。何種類かありますが、私がお勧めしている1つが153ページの図⑫のロジックツリー。マンガのなかにもありましたように「現象・問題」「本質的な原因」「根本的な解決策」「具体的施策」を横につなげていくものです。

これは問題把握とその解決をはかる際に便利です。マンガでも謙二郎がいっていたように、この形で書くと、種々雑多な現象・問題があっても、それを整理して、発散することなく考えを深めていくことができます。

ロジカルシンキングに慣れていない人ほど、色々な現象や、大小さまざまな問題が起きると、それぞれに対応してしまい、わけがわからなくなってしまいます。俗にい

図⑫ 物産展運営上の問題と対応

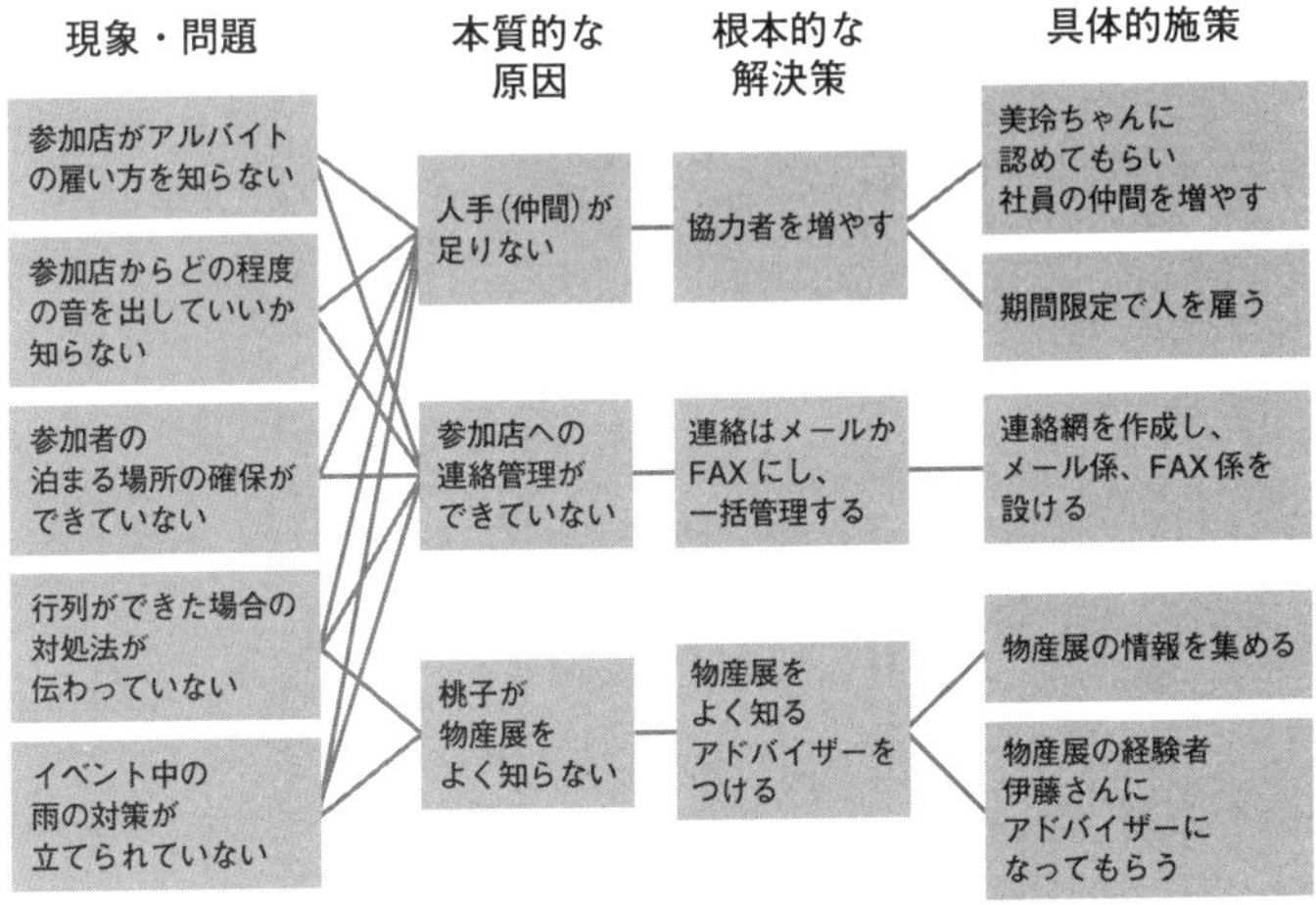

うテンパってしまう人の典型です。

しかし、上記のフォーマットで考えれば、気になることを左側に全部並べ、本質的にはどういう原因があるのかを考えるなかで、頭が整理されていきます。

ロジカルシンキングというのは、要はいかに頭を混乱させずに、整理しながら検討を進めていくか、ということです。そうすると、考えがどんどん深くなり、洞察力も生まれ、問題の本質や解決策の要点がはっきりと見えてきます。

洞察力のある問題の整理結果と効果的な解決策をわかりやすく説明すれば、「なるほど！ そうだったのか！」と誰でも腑に落ちます。

マーケティング戦略に使える「4Pロジックツリー」

なお、ロジックツリーは、もっと簡単に描く場合もあります。

たとえば、ある商品を開発する例を挙げてみましょう。その際、「どのような製品を、いくらで、どういう販路で売り、どう広告・広報していくのか」(これを英語の頭文字を取って「4P」といいます)を考えることがあります。ここでは、一人で楽しむソロキャンプ用のテントのマーケティング戦略を考えてみました。

まず製品は、ソロキャンプ初心者の初めてのテントとして買ってもらうことを考慮。自立式で簡単に設置でき、耐水圧も十分なものに。また、同じ市場に出されている安価なライバル商品よりも、重量が圧倒的に軽いことを売りにしました。

価格は、初心者でも手軽に買える市場価格として15000円前後と想定。製品のクオリティと、販路やプロモーションで十分勝負できると考えました。

図⑬ ソロキャンプ用のテントのマーケティング戦略

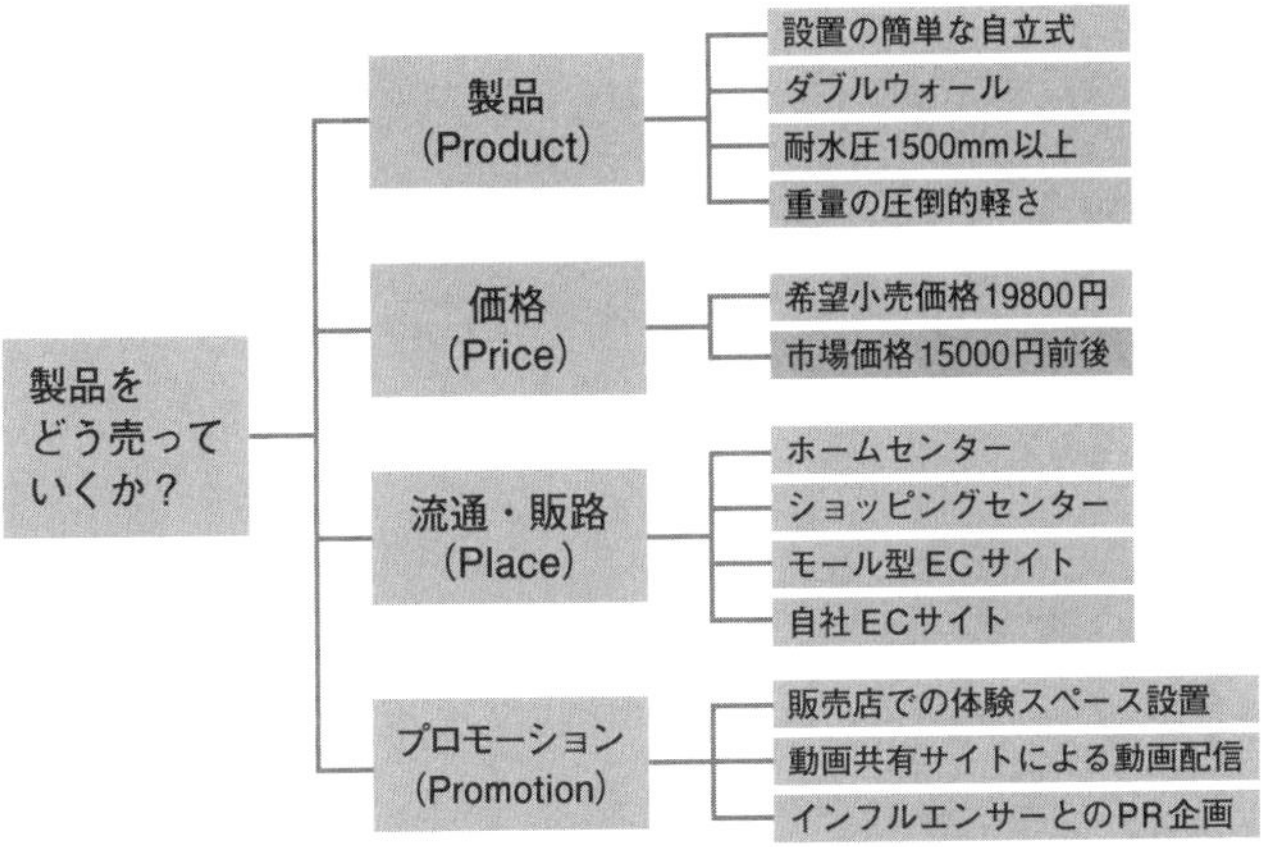

販路は、ホームセンターやショッピングセンター、そしてモール型ECサイト、自社ECサイトで売って行くことを目指します。

プロモーションは、動画共有サイトで、設置方法や使用感がわかる体験ドラマを配信し、品物のよさ、品物を使った体験の充実を訴えることで売ることも考えました。またキャンプにおけるインフルエンサーの方と組んだPR企画も動かしていきます。

以上を、図解にしたのが、図⑬のロジックツリーです。**プレゼン資料や営業資料で使う際は、文字配列よりも、このような図にしたほうが相手に伝わりやすく効果的です。**機会があったら積極的に使いましょう。

Check List

第3章

□ロジカルとクリエイティブは対極のものではない。ロジカルシンキングは、クリエイティブな発想をするためにこそ使える。

□新規事業を計画する際や商品・サービスの状況を分析する際、「3C（市場・顧客、競合、自社）」のフレームワークが使える。

□さまざまな形の「ロジックツリー」は、問題解決やマーケティング戦略に使える。

□プレゼン資料や営業資料は、言葉よりも図のほうがわかりやすく効果的に伝わる。

□3Cやロジックツリーといったフレームワークを作る際も、まずはA4メモ書きで深掘りしてから、清書としてそれぞれの図解に落とすというやり方もある。

第4章

「ゼロ秒思考」で問題解決する！

物産展のイベント当日。
十分な準備をして臨んだのだが、
次から次へとハプニングが起こる。
頭が真っ白になる桃子は、
自信を喪失してしまうが……。
ロジカルシンキングを
身につけた桃子は、
さまざまな難題を解決できるか？

これまでにない
物産展を
目指したいと
思っています
物産展まで
もう時間が
ありません
ネット戦略も
反響が大きく
多くの来場者が
予想されます
今日から私が
リーダーとして
このプロジェクトを
引き継ぐこととと
なりました
美玲ちゃん亡き今
みんなで
頑張りましょう!
ぐっ
いやいや
死んでないから

美玲ちゃん！
キャ
もう大丈夫なんですか？
本当はまだ安静にしてないとダメなんだけどね
みんなに一言だけ言いたくて来たの
いいかな？
もちろん
こんな大事な時にいなくなってしまってすみません
私も楽しみにしていたイベントだったのでとても残念です
ただ私がいなくても丸山さんのもと一丸となって頑張ってくれると確信しています
私たちは物産展に来てくれるお客さんはもちろん出資してくれている主催者そして参加してくれている出店者
すべての人に参加してよかったと思われて初めて成功です
物産
とり天
最高の物産展にしましょう！
はいっ！

かっこいい
パチ
パチ
パチ
パチパチ
パチパチ
ステキ
パチパチ
パチパチ
美玲さん
じゃあ
よろしくね
スッ
任せて！
ぐっ
さぁ
始めましょう！

…
どうしたの？
なんだか丸山さん貫禄ついたわね 発言に自信があるって感じ
今の丸山さんなら私たちも安心していられるわ
かっこいいしね
いやっ違う そうじゃなくて
カチ カチ
カチ
物産展はいよいよ明日 絶対に失敗できない
え
え
裏切り者っ！私たち美玲さん一筋でしょ！

物産展当日
大物産展
赤天
島根
イタリアン焼きそば
ワー
ワー
ガヤ
これ、何だろな!?
ガヤ
ガヤ
ガヤ
トン
トン
ガヤ
ガヤ
ワイ
ワイ

大物産展
い…いよ いよいよぉ このよき日を 迎えるにあたって
ギク
この ぶっ物産展を 取り仕切るるる 丸山でげし…
ほ本日は ご5万人のの 来場を予定 しししててます
あ焦らず ご行動しして くださささいいい
ギク
み皆さささん が頑張りり ましょううう
ビュー
あとは…
ええ…と えっと…
ギク
ダメだ… ガチガチじゃん
ダサい…
はぁ…緊張した
頼みますよ
丸山さん リーダー なんですから
だって 初めてだし…
!
ゴロゴロ

なんか嫌な天気ね…
天気予報は曇りだったけどもつかな…
大丈夫！気を取り直して頑張ろう！
反省して下さい！
もうすぐ開場ですよ
すみません！
あの…ちょっといいですか
はいっどうかしましたか？
パンフレットに載ってるうちのHPのURLが間違っているんですけど…
えええ？
すみません！急いで訂正します！
お願いします
丸山さんこの方が…
なんでしょうか？
なんで隣の県をうちの横に配置するんだよ！
似たようなものを売っているから競合するだろうが！
すみません！
あの…届くはずの荷物が届いていないんですけど
うちの店のロゴが違うんですけど…
冷蔵庫の温度設定ってどこで変えられるんですか？
ひぃぃ…
す…すぐに対応しますっ！

ブル
ブル
ブル
ブル
ブル
どうして こんな間際に 聞いてくるのぉ
丸山さん
今度は何よ！
ワァァアァアァアァ
開場の時間です
鯖おでん
鯖おでん
福井 若狭

ガヤ
ガヤ
ガヤ
ガヤ
ガヤ
ガヤ
みかん鍋
山口
ん鍋
行方バーガー
わい
わい
はは…
わー
わー
や…
やばい…

こ…
怖いよ！
は…
始まっちゃった…
頭が真っ白
助けて！
美玲ちゃん！
やっぱり私には
無理だよ!!
トン
きゃ！
よっ

じわっ
謙ちゃん
始まったばかりだぞ
おぃーおぃ
だってだって…
みかん鍋
なるほどそれでビビってるわけだ
これまではメモ書きやる時間があったけど
どんどん質問が来ると対応できない
ちゃんとできる自信ないよ…
グッ
はははっ
何笑ってるのよ！
笑うと落ち着くんだよ
笑ってごらん
行方バーガー
秋田
せんべい
はははっ
はははっ
そうその調子
そんなに焦ることはないよ
見てごらん
え？

うわぁ
おいしそ～♡
ジュゥ
ジュウ
はい
あ～ん
みんな楽しんでる
心配することないよ
ちゃんとできてる
で…
でも…
君にメモ書きを
教えた時に
ゼロ秒思考の話をしたの
覚えているかい？
え
課題を瞬時に整理して
問題点の本質を見抜き
解決策を導けるように
なるってやつ？
そうだ
毎日欠かさず
トレーニング
してきただろ？
う…
うん

そろそろ世界が違って見えて来ているんじゃない？
世界？
何か問題が発生したら解決の方向性は見えるようになっているはずだ
迷うこともほとんどなくなっている
普段から論理的に考える癖がついている証拠だ
目の前で何が起きてもどういう現象なのか
一瞬で判断し判断したら次の瞬間に進むべき道を複数考え
長所と短所を比較し即座に意思決定する

そうした思考の「質」と「スピード」双方の到達点が
「ゼロ秒思考」だ
ロジカルシンキングの最高峰に今君は立っているはずだよ
いやいやいやそんなのできるわけないじゃない
自分を信じてトレーニングは裏切らない
丸山さん大変です!
え
Aステージに人が集まり過ぎています
人気店をまばらに配置したつもりだったんですが思いのほかお客が集中してしまって…
だったら…

ビクッ
いや… 今のは…
瞬間に考えついたことを言ってごらん
スッ
ゆるキャラに頼んで風船配ってもらえるかな
風船を…ですか?
Aステージには子供向けのブースも多く配置してあるから
子供の安全をまず考えてほしいの
それに子供がはければ親もついていくから少しは混雑も緩和するでしょ
とりあえず今日はそれで対応して
なるほど
わかりました さっそく頼んでみます
その調子 いい指示だと思うよ
今のが…
ゼロ秒思考…

だいぶ落ち着いただろ
物産展は始まったばかりだ頑張って
うん！
丸山さんっ
お手洗いが大混雑しています！
だったら
すぐにコンビニやスーパーなど近くにトイレがある場所の地図を作って！
もちろんちゃんとお店の許可を取るようにしてね
あと客が来ていないところへの誘導も積極的に行って
ゴミが山積みのまま放置されています
だったら
きゃ
きゃ
へぇ…
野々木公園の物産展超やばい
キモカワ食べためちゃうまい
ゆるキャラといっぱ
写真撮ったよ
物産展人いっぱ
今から行こ
誰か一緒に
次は何
ポツン
ゆるキャラってあんなに人気があるなんて知らなかった
見てくださいネットでも大反響ですよ
この調子だとうまくいきそうな
あ…

アアアアアアー
そんな…
せっかくいい感じだったのに…
最悪〜
雨かよ〜
マジうぜぇ
帰ろっか

帰る人が増えてきましたね
雨が降るのは想定していたけれど人の流れがけっこう変わるんだ…
最悪じゃん
今日はここまでかな
カラオケ行こうぜ
天気には勝てないか
仕方がないわね
とりあえず帰るお客さんを見送りましょう

そんなことない
まだ
諦めるのは
早いわ
え？
何をする気ですか？
雨の日に来て
よかったって
思わせるのよ
雨
止みそうに
ないわね
帰ろうか
!
見てあれ
何かしら
ドン
ドン

ただ今
中央広場で
全国各地の
ゆるキャラたちが
雨の日限定
コスチュームで
お出迎えしています
ドン
ドン
かわいい～！
写真
撮って！
大成功ね
美玲ちゃん！
来てくれたんだ
ゆるキャラに
レインコートを
着せて
お客さんの
足を止めるなんて
よく考えたわね
昔行った
ネズミーランドで
雨の日にしか見られない
パレードやってたの
キャラクターたちの
限定コスプレが見られて
ラッキーだったって
思ったことがあったから
ラッキー！
けど
ゆるキャラで
足止めできるのは
若い層だけよ
年配者は帰るわ
どうする気？
対策は
打ってあるわ
！
雨の日限定
コラボ丼です
新潟の
鯛茶漬けに
高知の
かつおのたたきが
コラボレーション！
新潟
＋高知
発売中！

宮崎のチキン南蛮と
秋田の比内地鶏
夢のどんぶり
その他たくさん！
雨の日特価で販売中！
これは珍しいな
面白いね
物産展限定です
サーターアンダギーとずんだ餅のまさかのコラボスイーツも発売中！
いつの間に…
雨の日対策は前もって出店者の皆さんに話していたの
コラボが面白いね！
もし雨の日で売れ残ったら廃棄だからね
安くても売れたら助かるよ
出店者の皆さんも喜んでくれたよ
丸山さんにリーダーやってもらってよかった
へ…

やっぱり桃子はすごいね
数日後
お疲れ様でした！
ティン

無事に物産展が終わってよかった
おかげさまで残り2日も大盛況で入場規制するほどだったのよ
見て！雨の時しか見れないゆるキャラの妙案だって
雨の時しか見れない ゆるキャラの妙案
雨の日限定どんぶりは夕方ニュースでも取り上げられてるし
ネットでの販売も開始するって
へぇ すごいじゃん
しかも来年もやることが決定したの！
今から何やろうか考えたらわくわくしちゃって
こんなにアイデアが出て来ちゃった
おぉ 気が早いね
謙ちゃんがロジカルシンキングを教えてくれたおかげだよ
え…
いつも私のそばで温かく見守ってくれた
大切な幼なじみだからね

ドキッ
本当にそれだけ…？
ドキドキドキドキ
ゴクリ
ぐっ
桃子っ！実は俺お前のことが！
プルルル
ピッ
あ
ちょっと待って
へ…
もしもし… え… 新しい案件ですか…
もちろんやります！すぐに行きます！
謙ちゃんごめんね
バッ
…
2人分食べますか？
食べます（涙）

「ゼロ秒思考」の頭のなか

ゼロ秒思考をA4メモ書きで解体すると

A4メモを毎日10~20枚、それぞれ1枚1分で書いていると、感度がものすごく上がっていきます。桃子のように、経験したことのないようなプロジェクトに取り組んでいるとき、気持ちはいっぱいいっぱいになりますが、メモを書いていることで落ち着きますし、頭は高速回転になっていきます。

それがもっと進むと、マンガで桃子が何度か瞬時に素晴らしい案を考えついたようなことが、誰にも起きるようになります。その究極の姿が**「ゼロ秒思考」**。ここでは、あえてゼロ秒思考をした桃子の頭のなかをA4メモに解体していきましょう。

まずAステージの混雑を解消したときは、183ページのメモ書き⑭と⑮を瞬時で頭に描いたことになります。Aステージの特徴をとらえ、それをもとに混雑の根本的

メモ書き⑭

Aステージはどんな場所か

2019-2-1

- Aステージには人気店は集中していない
- Aステージは端になり、お客さんの抜け道にはなっていない
- Aステージには子ども向けのブースが多い
- Aステージは混雑していて解消が必要

メモ書き⑮

Aステージの混雑を解消するには

2019-2-1

- Aステージに多いのは、子どもとその親なのでは？
- したがって混雑から子どもが怪我をしたり、迷子になる
- これに対して、ゆるキャラが風船を配り、子どもを誘導するのはどうか？
  - ・子どもを移動させると親も移動する
  - ・子どもが風船を持つことで、子どもの位置を把握しやすい
- 誘導ができ、迷子や事故も防げるので、Aステージの混雑を解消できる

な原因を把握し、具体的な解決方法に導いていく。このロジックが瞬時に頭で描かれるのがゼロ秒思考です。

解決策と同時に課題が見つかるメモ書き

イベントの天敵である突然の雨。雨が降ってきたときは、せっかく足を運んでもらったお客が帰ってしまうことが問題です。ここでは、マンガでは詳しく描きませんでしたが、桃子が雨対策を考える際に作ったA4メモ書きを公開しましょう。

185ページのメモ書き⑯と⑰、187ページのメモ書き⑱を見てください。雨対策をメモ書きで考える過程で、ゆるキャラに限定コスプレを着てもらう妙案を思いつくと同時に、過去の類似する成功例を調べることといった課題と、高齢者層への対策といった課題が見つかりました。

前者の課題については他社（有名テーマパーク）での成功例を発見。後者の課題についてはは新たなA4メモ書きで解決策をはかっていきます。187ページのメモ書き

メモ書き⑯

雨が降ってもお客を帰さない対策は 2019-2-1

- 全体に屋根をつけるのは費用的にも無理
- 入口での傘配布も費用大なうえに、お客さんの荷物になる
- 雨の日の限定イベントというサプライズを用意する
- サプライズ企画なら費用があまりかからない方法もありそう

メモ書き⑰

2019-2-1

お客を帰さないための、雨の日限定イベントは

- 雨の日の限定お土産を無料で配る
  - ・費用がかかる
  - ・物産展で買うはずの人が買わなくなるリスクも
- 雨の日限定でお笑い芸人のライブを行う
  - ・物産展の地域カラーが全然出せない
  - ・客層と合わないリスクがある
  - ・雨でなかった場合、キャンセル費用がかかる

⑲で、雨の日セールの限定コラボがお客とお店双方にメリットがあること、また屋根付きのイートインスペースの拡充も必要であることに気づきました。

Ａ４メモは本文に４〜６行と申し上げましたが、ここでは各行にいくつかのサブポイントを「・」をつけて追加しています。これをドットポイントといいます。とくに内容が濃い場合などに書き足します。この場合は、１枚を書くのに１分を超過してももちろん結構ですが、最大でも２分くらいにしておくほうがよいです。

こういった感じで、桃子のアイデアはどんどんふくらむ一方です。浮かんでくる言葉をタイトルに、１分でＡ４用紙に次々に書くことで、考えが止まったり、言葉選びをしたりすることもしなくなりました。何も考えずにどんどん書いていくと、不思議なほど、考えが深くなっていきます。

桃子はすっかりＡ４メモ書きでロジカルシンキングを身につけたようです。

メモ書き⑱

2019-2-1

お客を帰さないための、雨の日限定イベントは

- 参加するゆるキャラに手作りレインコートを着てもらう
  - ・限定コスプレをお客に楽しんでもらう
  - ・地域カラーが出せ、子連れ客、若い層を中心に惹きつける
  - ・費用もOK
  - ・過去の類似する成功例があるかを調べる
- 高齢者層への対策が何か必要か

メモ書き⑲

2019-2-1

雨のなかで、高齢者層を足止めする対策は

- 雨の日セールとして、限定のコラボ丼を特価で提供
  - ・物産展によく行く高齢者にとっても、限定コラボは目新しい
  - ・特価は、どの世代にとっても魅力的
  - ・お店にとっても売れ残りの廃棄を減らすことができる
- 屋根付きのイートインスペースを拡大する？
  - ・時間に余裕のある高齢者は待ってくれる？
  - ・子連れ層など、雨での移動が大変な人たちも足を止めてくれる？
  - ・屋根付きの休憩スペースは、もともと高齢者向けに必要
  - ・休憩しながら買い物ができるようになり、一石二鳥に

即断即決！　仕事のスピードが跳ね上がる！

瞬時に判断し、最適なアクションが取れる

ロジカルシンキングを身につけるといいことばかりが起きます。

まずは、**余計なストレスなく、どんどん仕事を進められるようになります。**第1章で、謙二郎は、桃子から懇親会企画の相談を受けた際に、瞬時にどんな企画をやるべきか、方向性が見えていました。これは、課題を見た瞬間、聞いた瞬間に本質的な問題点が浮かび、どうすべきかが見えたからです。判断が素早く、人の話も一度で深く理解できるようになるので、状況把握が的確で速くなっていくのです。第4章でも、ロジカルシンキングで成長した桃子が、想定外のことが起こったときも焦らず解決していく姿が描かれていますが、まさに、このようになれます。瞬間的に物事を判断し、

次の瞬間には最適なアクションを取っている、ということが理想論ではなく、現実になるのです。

また、素早く思考・行動できる以外にも、**人とのコミュニケーションもスムーズになります。**仕事面でいえば上司と部下の関係が改善していきます。上司の仕事は、部下に本来の力を発揮してもらうことです。自分の頭を整理してから説明すれば、部下に意図が正確に伝わります。部下からすれば、自分の考えを上司が「なるほど！」と思える形で伝えられるようになるので、無駄に叱られることもなくなります。そして、仕事面だけでなく、家族・恋人同士の人間関係も同様に改善します。論理的に考えて話したり聞いたりするので、感情のぶつけ合いになりにくくなるからです。

さらに、ロジカルシンキングを身につけると、**自然にリーダーシップが発揮されるようになります。**マンガでも、慕ってついてきてくれる仲間に冷静に指示を出し、優先順位に従って問題を解決していく桃子の姿は、まさにリーダーそのものです。一度こういうことができるようになった人は、さらに大きなチャレンジでも同様にロジカルシンキングを徹底し、素晴らしいリーダーシップを発揮していくことでしょう。

ロジカルシンキングで人生が変わる！

ロジカルシンキングはまったく難しいことではありません。私はマッキンゼーで必死に工夫しながら、ロジカルシンキングを鍛え上げましたが、本書を通じて、皆さんにその有効性が少しでもお伝えできたのであれば嬉しい限りです。

必要なのは、ちょっとした努力だけです。本書を読み、A４コピー用紙を用意し、頭に何かが浮かんだらさっと書き留める、何か整理しようと思ったら２×２のマトリックスやロジックツリーでさっと整理してみる……。

本書のプロローグを思い出してください。謙二郎は桃子に「ロジカルシンキングができるようになれば人生が変わるよ」「きっと世界が変わって見える日が来るよ」といいました。**ロジカルシンキングは、人を大きく成長させてくれるのです。**本書で学んだことを実践し、ぜひそれを実感していただければ幸いです。

Check List

第４章

□Ａ４メモ書きでロジカルシンキングの力をつけていくと、瞬時に素晴らしいアイデアや解決策が思いつく「ゼロ秒思考」を身につけられる。

□Ａ４メモ書きでアイデアを出した際、各行にいくつかのサブポイントがあれば、「・」などを使って追記していく。

□ロジカルシンキングを身につけると、思考が加速するだけでなく、職場やプライベートでの人とのコミュニケーションもスムーズになる。

□ロジカルシンキングを身につけると、的確に指示できるため、リーダーシップも発揮できるようになる。

□ロジカルシンキングで、人は大きく成長できる。

本書は、2015年8月に小社より刊行した単行本『マンガでわかる！ マッキンゼー式ロジカルシンキング』に一部書き下ろしを加え、再編集して新書化したものです。

STAFF
企画・編集●中野一気・松村バウ（中野エディット）
マンガ制作協力●トレンド・プロ
表紙・カバーデザイン●塚原麻衣子
本文デザイン・DTP●塚原麻衣子
取材協力●一ノ瀬寿人（オズマピーアール）、村上賢司

宝島社新書

マンガでわかる！
マッキンゼー式ロジカルシンキング
（まんがでわかる！　まっきんぜーしきろじかるしんきんぐ）

2019年2月14日　第1刷発行

著　者　赤羽雄二
シナリオ制作　星井博文
作　画　大舞キリコ
発行人　蓮見清一
発行所　株式会社宝島社
〒102-8388 東京都千代田区一番町25番地
電話：営業　03-3234-4621
　　　編集　03-3239-0646
https://tkj.jp
印刷・製本　サンケイ総合印刷株式会社

ISBN 978-4-8002-9221-6